思い出しクイズ

昭和の顔

1927年～1964年

前編

絵 と 文　本間康司

清水書院

はじめに

本書は、昭和を年代順に振り返って、その年に印象に残った人物を 10 人ずつ選びクイズにしたものです。
(1927 ～ 1944 年までは 5 人ずつ)
また、日本で活躍、話題になった外国人も含めました。
昭和世代や年配の方は「あ、いたいた、こんな人」とか「覚えてる、懐かしいね～」とか、昭和の思い出に花を咲かせていただければと思っています。
昭和を知らない若い世代の人たちも、この本で昭和に活躍した歴史人物を楽しく覚えられること間違いなしです。ひとりで読んでも楽しいですし、大人数でクイズを出し合ったりすると、より盛り上がると思います。
懐かしい記憶や楽しかった昭和の思い出を振り返りながら楽しんでいただけたら幸いです。

2015 年 8 月 15 日

人名の思い出しクイズ

昭和元年から、その年に関係した有名人の名前を似顔絵のヒントから思い出してもらうクイズ形式となっています。空欄にはどんどん書き込んでください。

昭和元年から昭和19年 ……… 5
　出来事 ……… 6
　問題 ……… 8
　答え ……… 26

昭和20年から昭和29年 ……… 35
　出来事 ……… 36
　問題 ……… 38
　答え ……… 58
　★昭和の3人組クイズ ……… 68

昭和30年から昭和39年 ……… 69
　出来事 ……… 70
　問題 ……… 72
　答え ……… 92

あとがき ……………………………… 102

昭和の顔カルタの作り方 ……… 104

〈付録〉　昭和の顔カルタ

前編

昭和40年以降は後編に続きます。

後編の内容です

昭和 40 年から昭和 49 年	5
出来事	6
問題	8
答え	28
★昭和歌謡のグループ名クイズ	38
昭和 50 年から昭和 59 年	41
出来事	42
問題	38
答え	64
★昭和の漫才クイズ	74
昭和 60 年から昭和 63 年	77
出来事	78
問題	80
答え	88
あとがき	93
昭和の顔カルタの作り方	96
〈付録〉　昭和の顔カルタ	

付録の顔カルタの内容も変わります。

（主な参考文献）

朝日新聞　読売新聞　毎日新聞　東京新聞　産經新聞　スポーツニッポン　サンケイスポーツ　日刊スポーツ　報知新聞　東京中日スポーツ
● http://ja.wikipedia.org/wiki/ ウィキペディア ● http://nendai-ryuukou.com/1960/1965.html 年代流行 ● http://www001.upp.so-net.ne.jp/fukushi/year/1965.html　ザ・20世紀 ● http://entamedata.web.fc2.com/music/top_single.html 年間シングルヒットチャート
● 昭和史全記録（毎日新聞社）／ビジュアル版人間昭和史（講談社）／日録20世紀（講談社）／朝日クロニクル週刊20世紀（朝日新聞社）／芸能界この30年のアルバム　週刊平凡特別増刊／昭和流行語グラフィティ（毎日新聞）／昭和語　60年世相史（朝日文庫）／20世紀語辞典　死語の世界60年代&70年代篇（二見文庫）

昭和元年から昭和19年

学童疎開

昭和元年から昭和19年

年号		首相	出来事
昭和 2	1927	若槻礼次郎／田中義一	❀金融恐慌がおこりモラトリアムが実施される。❀若槻内閣倒れ政友会の田中内閣成立。❀立憲民政党結成され、総裁には浜口雄幸。
昭和 3	1928		❀普通選挙法による最初の総選挙である第1回普通選挙が実施。❀治安維持法を改正,特高警察を全国に設置する。❀ソ連で第一次五か年計画が始まる。
昭和 4	1929	浜口雄幸	❀日本共産党員が多数検挙される（四・一六事件）。❀ニューヨーク株式が暴落、世界恐慌がおこる。❀田中内閣が倒れ,浜口内閣成立
昭和 5	1930		❀ロンドン海軍軍縮条約が結ばれる（政友会は統帥権干犯として政府を攻撃）。❀インド反英運動が激化（ガンジーの第二次非暴力抵抗運動）。
昭和 6	1931	若槻礼次郎	❀柳条湖の満州鉄線爆破事件をきっかけに満州事変が始まる。❀若槻内閣成立。スペイン第二共和国が成立する。
昭和 7	1932	犬養毅／斎藤実	❀井上準之助・団琢磨暗殺される（血盟団事件）。満州国が成立する。❀5.15事件がおこり犬養首相が暗殺。❀超然内閣として斎藤内閣が成立し,政党政治が断絶する。
昭和 8	1933		❀日本が国際連盟から脱退する。❀ドイツでヒトラーが政権を握る。❀アメリカでニューディール政策が始まる。❀京大教授滝川幸辰を追放する（滝川事件）事件がおこり教授は休職となる。
昭和 9	1934	岡田啓介	❀陸軍が「国防の本義とその強化の提唱」（陸軍パンフレット）を発行。❀ワシントン条約の破棄を宣言する。
昭和 10	1935		❀美濃部達吉の天皇機関説が問題となり、衆議院で国体明徴決議案を可決。❀イタリアがエチオピア侵略を開始する。❀ロンドン軍縮会議が始まる。
昭和 11	1936	広田弘毅	❀ロンドン軍縮会議から脱退して決裂させる。❀二・二六事件がおこり高橋蔵相らが暗殺される。❀日独防共協定が結ばれた。フランスで人民戦線内閣が成立する。
昭和 12	1937	林銑十郎／近衛文麿	❀盧溝橋事件が起こり、日中戦争が始まる。❀国民精神総動員運動はじまる。❀第1次人民戦線事件おこる。❀日独伊防共協定が結ばれる。

年号	首相	出来事
昭和13 1938		❀国家総動員法・電力国家管理法成立。❀東亜新秩序建設を声明する（第2次近衛声明）。❀中国国民政府が重慶に遷都する。
昭和14 1939	平沼騏一郎／阿部信行	❀産業報国運動がおこる．ノモンハン事件がおこる。❀第一回興亜奉公日。❀ドイツがポーランドに進入し、第二次世界大戦が始まる。❀独ソ不可侵条約が結ばれる。
昭和15 1940	米内光政／近衛文麿	❀米、みそ、醤油、砂糖などの購入が切符制になる。❀日本軍が北部仏印に進駐。各政党は解散させられ，大政翼賛会が結成。❀フランスがドイツに降伏する。❀南京に中華民国国民政府（汪兆銘）ができる。
昭和16 1941	東条英機	❀国民学校令が公布される。❀日ソ中立条約が締結される。❀ワシントンで日米交渉はじまる。❀ハワイ真珠湾を攻撃し，アジア・太平洋戦争はじまる。❀独ソ開戦。
昭和17 1942		❀国鉄の関門海底トンネルが開通する。❀マニラ占領，シンガポール占領。❀翼賛政治会創立．大東亜省を設置。❀ミッドウェー海戦に敗れて形勢逆転する。❀ドイツ軍がスターリングラードの攻撃を始め、ソ連は大反撃を行う。
昭和18 1943		❀ガダルカナル島の日本軍が撤退を始める。❀軍需省を設置する。❀第一回学徒兵入隊で、学徒出陣の会が開かれる。❀イタリアが連合軍に無条件降伏する。❀アメリカ・イギリス・中国がカイロ宣言を発表する。
昭和19 1944	小磯国昭	❀朝鮮に徴兵制をしく。❀米軍がサイパン島に上陸．東条内閣が倒れ，小磯内閣が成立する。❀米空軍の本土空襲はじまる。❀学童疎開が始まる。❀連合軍がノルマンディ上陸作戦を始める。

昭和元年・2年(1927)

【問題1】
「おらが大将」と呼ばれた総理大臣は？

田中 ○○

【問題2】
「羅生門」「芋粥」「地獄変」などで知られる作家は？

○○ 龍之介

【問題3】
「文藝春秋」で初めて「座談会」が登場。「文藝春秋」を創刊したことでも知られる「座談会」の発案者は？

○○ 寛

【問題4】
アラカンの愛称で知られる「鞍馬天狗」の主演は？

○ 寛寿郎

【問題5】
文庫本ブームを生んだ岩波書店の開業者は？

岩波 ○○

【この年】金融恐慌がおこりモラトリアムが実施される。若槻内閣倒れ政友会の田中内閣成立。立憲民政党結成され、総裁には浜口雄幸。答えは26ページ

昭和 3 年 (1928)

【問題 1】
黄熱病を研究中に自らも黄熱病に倒れた世界的医学者は？

野口 ○○

【問題 2】
アムステルダムオリンピックの陸上三段跳びで、日本に五輪史上初の金メダルをもたらした選手は？

○○ 幹雄

【問題 3】
アムステルダムオリンピックで、日本人でただ一人の女子オリンピック選手として参加、陸上800メートルに出場して銀メダルを獲得した選手は？

○○ 絹枝

【問題 4】
電子学会のテレビ公開実験で、電子式受像機に人物像を映し出すことに成功。この開発者は？

○○ 健次郎

【問題 5】
「君恋し」が大ヒット。昭和初期のレコード歌手の第一人者で「べーちゃん」の愛称で親しまれたこの曲を歌った歌手は？

二村 ○○

【この年】普通選挙法による最初の総選挙である第一回普通選挙が実施。治安維持法を改正、特高警察を全国に設置する。ソ連で第一次五か年計画が始まる。

答えは26ページ

昭和4年（1929）

【この年】日本共産党員が多数検挙される（四・一六事件）。ニューヨーク株式が暴落、世界恐慌がおこる。

答えは27ページ

【問題1】
独特の乳白色の絵肌に細い線描をほどこした画風でフランスで認められた洋画画家は？

○○ 嗣治

【問題2】
小説「夜明け前」の作者は？

島崎 ○○

【問題3】
映画「大学は出たけれど」の監督は？

○○ 安二郎

【問題4】
「東京行進曲」が大ヒット。この曲を歌った歌手は？

佐藤 ○○○

【問題5】
「エノケン」の愛称で親しまれた喜劇俳優は？

榎本 ○○

昭和5年 (1930)

【問題1】
その風貌から「ライオン宰相」と呼ばれ、東京駅で狙撃された総理大臣は？

○○ 雄幸

【問題2】
西条八十から「若き童謡詩人の中の巨星」と賞賛された童画詩人は？

○○ みすゞ

【問題3】
「ターキー」の愛称で親しまれた女優は？

○○○ 瀧子

【問題4】
自伝的小説「放浪記」の作者は？

林 ○○○

【問題5】
「しゃべくり漫才」で人気を博したコンビは花菱アチャコと誰？

横山 ○○タツ

【この年】ロンドン海軍軍縮条約が結ばれる（政友会は統帥権干犯として政府を攻撃）。インド反英運動が激化（ガンジーの第二次非暴力抵抗運動）。

答えは27ページ

昭和6年（1931）

【この年】柳条湖の満州鉄線爆破事件をきっかけに満州事変が始まる。若槻内閣成立。スペイン第二共和国が成立する。答えは28ページ

【問題1】
「日本資本主義の父」といわれた実業家は？

〇〇 栄一

【問題2】
岩手県花巻の実家で闘病中に「雨ニモマケズ」を手帳に記した詩人は？

宮沢 〇〇

【問題3】
古賀政男作曲の大ヒット曲「酒は泪か溜息か」「丘を越えて」「影を慕いて」などを歌った歌手は？

〇〇 一郎

【問題4】
漫画「のらくろ」の作者は？

田河 〇〇

【問題5】
日本初のトーキー映画（発声映画）「マダムと女房」で、独特の甘い声でファンをしびれさせた主演の女優は？

田中 〇〇

昭和7年（1932）

【問題1】
五・一五事件で暗殺された総理大臣は？

○○ 毅

【問題2】
国民各自が自らの力を発揮するという意味の「自力更生」運動を提唱した首相は？

斎藤 ○○

【問題3】
清朝最後の皇帝で、日本軍部の満州建国の際、執政に擁立され皇帝になった人物は？

愛新覚羅 ○○

【問題4】
ロサンゼルスオリンピックの200メートル平泳ぎで、オリンピック2連覇の偉業を達成した日本人選手は？

○○ 義行

【問題5】
ロサンゼルスオリンピックの陸上三段跳びで、世界新記録を出して金メダルを獲得した日本人選手は？

○○ 忠平

【この年】井上準之助・団琢磨暗殺される（血盟団事件）。満州国が成立する。五・一五事件がおこり首相が暗殺される。超然内閣として斎藤内閣が成立し、政党政治が断絶する。

答えは28ページ

昭和 8 年 (1933)

【問題 1】
国際連盟からの脱退の際に首席代表をつとめた人物は？

○○ 洋右

【問題 2】
日本軍の工作員として情報活動に従事し「男装の麗人」「東洋のマタ・ハリ」などと呼ばれた人物は？

川島 ○○

【問題 3】
東京・浅草の常磐座で「笑いの王国」を旗揚げしたコメディアンは？

○○ ロッパ

【問題 4】
チャンバラ映画「丹下左膳」の主演は？

大河内 ○○○

【問題 5】
大ヒット曲「東京音頭」を歌った歌手は？

小唄 ○○○

【この年】日本が国際連盟から脱退する。ドイツでヒトラーが政権を握る。アメリカでニューディール政策が始まる。京大教授滝川幸辰を追放する（滝川事件）事件がおこり教授は休職となる。

答えは29ページ

昭和9年 (1934)

【問題1】
ナチス党首としてユダヤ人迫害を推し進めたドイツの独裁政治家は？

○○○○・ヒトラー

【問題2】
直木賞にその名をとどめる作家のフルネームは？

直木○○○

【問題3】
沢村賞にその名をとどめるプロ野球選手のフルネームは？

沢村○○

【問題4】
美人画と抒情詩で多くのファンを魅了した大正浪漫を代表する画家は？

竹久○○

【問題5】
大ヒット曲「赤城の子守唄」を歌った歌手は？

○○○太郎

【この年】陸軍が「国防の本義とその強化の提唱」（陸軍パンフレット）を発行。ワシントン条約の破棄を宣言する。

答えは29ページ

昭和 10 年（1935）

【問題 1】
天皇機関説をとなえたため、軍部や右翼から非難された貴族院議員は？

○○○ 達吉

【問題 2】
小説「宮本武蔵」の作者は？

吉川 ○○

【問題 3】
「暁の超特急」と呼ばれた陸上短距離選手は？

○○ 隆徳

【問題 4】
少女向け雑誌「少女の友」の表紙で人気を博した画家は？

○○ 淳一

【問題 5】
「天災は忘れた頃にやって来る」の名言で有名な物理学者は？

寺田 ○○

【この年】天皇機関説が問題となり、衆議院で国体明徴決議案を可決。イタリアがエチオピア侵略を開始する。ロンドン軍縮会議が始まる。

答えは30ページ

16

昭和 11 年 (1936)

【問題 1】
二・二六事件で暗殺された元総理で、7つの内閣で蔵相を務めた人物は？

高橋 ○○

【問題 2】
性交中に愛人の料理店主を絞殺、さらに一物を切り取り、持ち歩いて逃げた人物は？

○○ 定

【問題 3】
ベルリンオリンピックの女子200メートル平泳ぎ決勝で、日本人女子初の金メダルを獲得した選手は？

○○ 秀子

【問題 4】
検閲当局が「官能的唱歌」と称して発禁にした「忘れちゃいやよ」を歌った歌手は？

渡辺 ○○子

【問題 5】
「アーノネ、オッサン、ワシャカーナワンヨ」のセリフを流行らせた喜劇俳優は？

○○ 実乗

【この年】ロンドン軍縮会議から脱退して決裂させる。二・二六事件がおこり蔵相らが暗殺される。日独防共協定が結ばれた。フランスで人民戦線内閣が成立する。

答えは30ページ

17

昭和 12 年（1937）

【問題 1】
首相就任早々、議会の会期末に突然解散したことから「くい逃げ解散」と呼ばれる解散をした首相は？

◯ 銑十郎

【問題 2】
代表作「生々流転」や「無我」などで知られる日本画家は？

◯◯ 大観

【問題 3】
「次郎長外伝」で一世を風靡した浪曲師は？

広沢 ◯◯

【問題 4】
小説「墨東綺譚（ぼくとうきたん）」の作者は？

永井 ◯◯

【問題 5】
「永遠の二枚目」といわれた時代劇スターは？

◯◯◯ 一夫

【この年】盧溝橋事件が起こり、日中戦争が始まる。国民精神総動員運動はじまる。第一次人民戦線事件おこる。日独伊防共協定が結ばれる。

答えは31ページ

昭和 13 年（1938）

【問題 1】
愛人の演出家・杉本良吉と樺太の国境を越えてソビエトに亡命した女優は？

○○ 嘉子

【問題 2】
「ブルースの女王」と呼ばれた歌手は？

淡谷 ○○子

【問題 3】
日本プロ野球初の三冠王を獲得した選手は？

○○ 治康

【問題 4】
映画「愛染かつら」で、医師役を演じた二枚目スターは？

上原 ○

【問題 5】
「兵隊落語」で人気を博した落語家は？

柳家 ○○○

【この年】国家総動員法・電力国家管理法成立。東亜新秩序建設を声明する（第二次近衛声明）。中国国民政府が重慶に遷都する。

答えは31ページ

19

昭和 14 年 (1939)

【問題 1】
「欧州の天地は複雑怪奇」の声明を出して退陣した総理大臣は？

◯◯ 騏一郎

【問題 2】
大相撲で、安芸ノ海に敗れるまで69連勝を記録した横綱は？

◯◯◯ 定次

【問題 3】
「源氏物語」の現代語訳が刊行開始。この文豪は？

◯◯ 潤一郎

【問題 4】
NHKラジオで吉川英治の「宮本武蔵」が放送開始。朗読を務め人気を博した人物は？

徳川 ◯◯

【問題 5】
漫画家・岡本一平と結婚し、芸術家・岡本太郎を生んだ小説家は？

岡本 ◯◯子

【この年】産業報国運動がおこる。独ソ不可侵条約が結ばれる。ノモンハン事件がおこる。第一回興亜奉公日。ドイツがポーランドに進入し、第二次世界大戦が始まる。答えは32ページ

昭和 15 年（1940）

【問題 1】
「大政翼賛会」の総裁に就任した当時の総理大臣は？

近衛 ○○

【問題 2】
衆議院で、日中戦争の戦争目的を批判した「反軍演説」で議員を除名になった人物は？

○○ 隆夫

【問題 3】
「日本のシンドラー」と呼ばれた外交官は？

○○ 千畝

【問題 4】
大ヒット曲「暁に祈る」を歌った歌手は？

○○ 久男

【問題 5】
「歌う映画女優」の草分け的存在と言われ、「湖畔の宿」を歌って大ヒットさせた女優は？

高峰 ○○ 子

【この年】米、みそ、醤油、砂糖などの購入が切符制になる。日本軍が北部仏印に進駐。各政党は解散させられ、大政翼賛会が結成。フランスがドイツに降伏する。南京に中華民国国民政府（汪兆銘）ができる。

答えは32ページ

昭和 16 年（1941）

【問題1】
太平洋戦争に突入していく内閣が成立。陸軍大臣と内務大臣も兼任した総理大臣は？

東条 ◯◯

【問題2】
日本や満洲国で大人気となった女優、李香蘭の日本名は？

山口 ◯◯

【問題3】
詩集「智恵子抄」の作者は？

◯◯ 光太郎

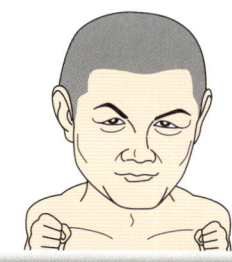

【問題4】
左右連打のピストン戦法で知られ「拳聖」と称されたボクサーは？

ピストン ◯◯

【問題5】
エコロジーの先駆者として知られる生物学者は？

◯◯ 熊楠

【この年】国民学校令が公布される。日ソ中立条約が締結される。ワシントンで日米交渉はじまる。ハワイ真珠湾を攻撃し、アジア・太平洋戦争はじまる。独ソ開戦。

答えは33ページ

昭和 17 年 (1942)

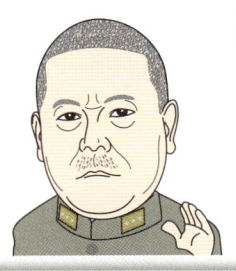

【問題1】
「マレーの虎」と呼ばれた陸軍大将は？

○○ 奉文

【問題2】
歌集「みだれ髪」や日露戦争の際に発表した反戦詩「君死にたまふことなかれ」で知られる女流歌人は？

与謝野 ○○

【問題3】
「こども風土記」がベストセラーに。日本民俗学の創始者として知られるこの本の作者は？

○○ 國男

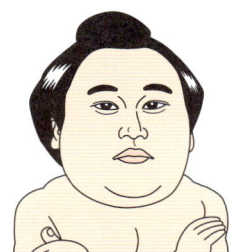

【問題4】
リズミカルな取り口で「桜色の音楽」と呼ばれた大相撲力士は？

○○ 万蔵

【問題5】
「新雪」が大ヒット。独特の鼻声のかかった歌声で歌った歌手は？

灰田 ○○

【この年】国鉄の関門海底トンネルが開通する。マニラ占領、シンガポール占領。翼賛政治会創立。大東亜省を設置。ミッドウェー海戦に敗れて形勢逆転する。ドイツ軍がスターリングラードの攻撃を始め、ソ連は大反撃を行う。

答えは33ページ

昭和 18 年 (1943)

【問題1】
太平洋戦争で真珠湾攻撃、ミッドウェー海戦などを指揮、ブーゲンビル島上空で戦死した連合艦隊司令官は？

山本 ○○○

【問題2】
東条英機内閣打倒を画作したが失敗に終わり、割腹自殺した元ジャーナリストの政治家は？

○○ 正剛

【問題3】
「東京ローズ」の1人として、もっとも有名な人物は？

○○ 郁子（アイバ・○○）

【問題4】
「二十四の瞳」「楢山節考」などの代表作で知られる映画監督は？

○○ 恵介

【問題5】
「美貌の天才少女」と呼ばれたバイオリニストは？

諏訪根 ○○

【この年】ガダルカナル島の日本軍が撤退を始める。軍需省を設置する。第一回学徒兵入隊で、学徒出陣の会が開かれる。イタリアが連合軍に無条件降伏する。アメリカ・イギリス・中国がカイロ宣言を発表する。

答えは34ページ

昭和 19 年 (1944)

【問題 1】
東条内閣の後を引き継ぎ、「大和一致」というスローガンを掲げた総理は？

○○ 国昭

【問題 2】
神風特別攻撃隊の創設者は？

○○ 瀧治郎

【問題 3】
ゾルゲ事件の首謀者の一人として処刑された元ジャーナリストは？

尾崎 ○○

【問題 4】
「七色の変化球」の異名を持つ投手は？

○○ 忠志

【問題 5】
「妻恋道中」「裏町人生」「上海だより」などの流行歌を歌った歌手は？

上原 ○

【この年】朝鮮に徴兵制をしく。米軍がサイパン島に上陸。東条内閣が倒れる。米空軍の本土空襲はじまる。学童疎開が始まる。連合軍がノルマンディ上陸作戦を始める。

答えは34ページ

昭和元年・2年（1927年）

【問題1】　田中義一
　　　　　（たなかぎいち）〈1864〜1929〉
若槻内閣が4月に総辞職。変わって立憲政友会の総裁・田中義一が総理に就任。自分のことを「おらが」というのが口癖で「おらが大将」と呼ばれた。この田中義一の口癖をヒントに寿屋（現・サントリー）が1930（昭和5）年に「オラガビール」を発売した。

【問題2】　芥川龍之介
　　　　　（あくたがわりゅうのすけ）〈1892〜1927〉
この年の7月、東京・田端の自宅で妻や友人に宛てて4通の遺書を残し服毒自殺。遺書には「何か自分の将来に対する唯ぼんやりした不安である」と書かれていた。菊池寛は芥川龍之介の死を悼み、1935（昭和10）年に芥川賞を設定した。

【問題3】　菊池寛
　　　　　（きくちかん）〈1888〜1948〉
1927年の「文藝春秋」3月号誌上に初めて「座談会」が登場。以後、「座談会」は雑誌の誌面で欠かせないものになった。「座談会」の出席者は菊池寛のほか、徳富蘆花、芥川龍之介、山本有三。ちなみに「文藝春秋」の創刊は1923（大正12）年。

【問題4】　嵐寛寿郎
　　　　　（あらしかんじゅうろう）〈1902〜1980〉
「少年倶楽部」に連載された大仏次郎の小説「鞍馬天狗」が映画化され、「鞍馬天狗・角兵衛獅子」が浅草などで封切りされた。嵐寛寿郎は戦前を代表する時代劇スターのひとり。鞍馬天狗シリーズは40本以上の作品が生まれた。「アラカン」の愛称で知られた。

【問題5】　岩波茂雄
　　　　　（いわなみしげお）〈1881〜1946〉
岩波書店が、古今東西の古典の普及をめざし「岩波文庫」を発刊。岩波書店は神田神保町で古書店としてスタート。「学問を万人に普及させる」という理想のもとに今日まで良書の出版につとめている。

昭和3年（1928年）

【問題1】　野口英世
　　　　　（のぐちひでよ）〈1876〜1928〉
細菌学者。ノーベル医学生理学賞の候補になったとされる。現在は千円札の肖像で有名。西アフリカのアクラ（現＝ガーナ共和国首都）で黄熱病を研究中に自らも黄熱病に感染して死亡した。享年51。

【問題2】　織田幹雄
　　　　　（おだみきお）〈1905〜1998〉
日本が初参加したストックホルムオリンピックから16年目にして初の金メダルを獲得。水泳200メートル平泳ぎの鶴田義行がこのアムステルダム大会で2つ目の金メダル。

【問題3】　人見絹枝
　　　　　（ひとみきぬえ）〈1907〜1931〉
期待の100メートル準決勝で破れ、まだ一度も走ったことのない800メートルに出場して銀メダルを獲得、「世界のヒトミ」と呼ばれた。3年後、過労がたたり24歳の若さで病没。

【問題4】　高柳健次郎
　　　　　（たかやなぎけんじろう）〈1899〜1990〉
1926（昭和元）年12月25日の大正天皇崩御の日に世界で初めてブラウン管で「イ」の字の映像受信に成功。戦後、ビクターで放送技術とテレビ受像器を完成させる。

【問題5】　二村定一
　　　　　（ふたむらていいち）〈1900〜1948〉
時雨音羽作詞、佐々紅華作曲。二村定一は浅草オペラで人気を集める。愛称の「ベーちゃん」は、大きな鼻がシラノ・ド・ベルジュラックを連想させるところから付いたものといわれている。1961（昭和36）年にフランク永井が「君恋し」をカバー。こちらも大ヒットした。

答え　昭和元年（1926年）〜昭和3年（1928年）

昭和4年（1929年）

【問題1】　藤田嗣治
　　　　　（ふじたつぐはる）〈1886〜1968〉
1930年代にかけパリに在住、フランスで洋画が認められ、築いた名声をもって17年ぶりに日本帰国。個展を開いて全国をまわった。個展はすべて成功に終わり、何度もパリへ行き来し、戦後はフランス国籍を取得、日本国籍を抹消した。

【問題2】　島崎藤村
　　　　　（しまざきとうそん）〈1872〜1943〉
「木曽路はすべて山の中である」の書き出しで知られる大河長編「夜明け前」が「中央公論」誌上に登場。1929（昭和4）年から1935（昭和10）年まで断続的に掲載された。

【問題3】　小津安二郎
　　　　　（おづやすじろう）〈1903〜1963〉
不況で失業者が増加、大卒者の就職も厳しくなった状況で高田稔・田中絹代主演の映画「大学は出たけれど」が封切られ、大衆の共感を呼び話題になった。この年の3年後には「生まれてはみたけれど」を発表。「〜してはみたけれど」が流行語になり、監督としての地位を確保した。

【問題4】　佐藤千夜子
　　　　　（さとうちやこ）〈1897〜1968〉
作詞・西条八十、作曲・中山晋平。ビクターレコードから発売され、日本映画の主題歌第一号に。佐藤千夜子は1977（昭和52）年NHK朝の連続テレビ小説「いちばん星」のモデルにもなった。

【問題5】　榎本健一
　　　　　（えのもとけんいち）〈1904〜1970〉
この年、彼の劇団「カジノ・フォーリー」が誕生。鋭い社会風刺、ギャグ、パロディ、ダンスや音楽などを盛り込んで人気を集めた。劇団名「カジノ・フォーリー」はイタリア語で面白い劇場という意味。榎本健一は、やがて映画にも出演、「日本の喜劇王」と言われた。

昭和5年（1930年）

【問題1】　浜口雄幸
　　　　　（はまぐちおさち）〈1870〜1931〉
この年、浜口首相が東京駅で右翼の男に狙撃されて重傷を負った。狙撃直後に浜口首相が「男子の本懐」と言ったと伝えられ流行語になった。回復しないうちに登院し、症状を悪化させて翌年の夏に死去。

【問題2】　金子みすゞ
　　　　　（かねこみすゞ）〈1903〜1930〉
「金の星」「童話」などの雑誌で作品を発表。西条八十に認められて童謡や詩を数多く発表。結婚後、夫に詩作を禁止され断筆。離婚後、娘の養育でもめ、この年、26歳の若さで服毒自殺した。

【問題3】　水の江瀧子
　　　　　（みずのえたきこ）〈1915〜2009〉
東京松竹楽劇部（のちのSKD）の一期生として入団。ショートカットの髪、タキシードにシルクハットの姿で「男装の麗人」と呼ばれた。松竹退団後は女優などを経て日本初の女性映画プロデューサーとなり、石原裕次郎を筆頭に数々の俳優、監督を育成。

【問題4】　林芙美子
　　　　　（はやしふみこ）〈1903〜1951〉
日記をもとに自らの放浪生活の体験を書いた自伝的小説「放浪記」が50万部のベストセラーに。女優・森光子主演の舞台「放浪記」は1961（昭和36）年に東京・芸術座で初演されて以後、2009年まで通算2017回の公演回数を数えた。

【問題5】　横山エンタツ
　　　　　（よこやまエンタツ）〈1896〜1971〉
漫才師とした初めて背広姿で舞台にあがり、世相や身近な出来事を題材にした軽妙な「しゃべくり漫才」で人気を博した。エンタツ・アチャコと呼ばれ、当時人気の東京六大学野球からネタをとった「早慶戦」で、一躍名コンビに。

答え　昭和4年（1929年）〜昭和5年（1930年）

答え 昭和6年（1931年）〜昭和7年（1932年）

昭和6年（1931年）

【問題1】　**渋沢栄一**
　　　　（しぶさわえいいち）〈1840〜1931〉
明治元年に商法会社創設。以後、明治・大正を通し設立、関与した企業は第一銀行、東京電燈、東京海上など500社余り。理化学研究所の創設者でも知られる。過去に日本銀行券（紙幣）の千円札候補者として最終選考まで残ったが、ヒゲがなかったため伊藤博文が採用され紙幣の肖像は実現されなかった。この年の11月に死去。享年91。

【問題2】　**宮沢賢治**
　　　　（みやざわけんじ）〈1896〜1933〉
上京直後に高熱で倒れ、岩手県花巻の実家で闘病中に「雨ニモマケズ」を手帳に記した。「雨ニモマケズ」は宮沢賢治没後に発見された遺作のメモ。一般に広く知られていて、代表作のひとつにもあげられている。

【問題3】　**藤山一郎**
　　　　（ふじやまいちろう）〈1911〜1993〉
この年、古賀政男作曲で「酒は泪か溜息か」と「丘を越えて」が大ヒット。翌年にも「影を慕いて」が記録的ヒットを記録。古賀政男・藤山一郎は名コンビと言われ、後に「国民栄誉賞」を2人とも受賞している。

【問題4】　**田河水泡**
　　　　（たがわすいほう）〈1899〜1989〉
少年雑誌「少年倶楽部」に「のらくろ二等卒」が連載開始。生まれてすぐに川に捨てられた野良犬黒吉が軍隊に入隊。二等兵から次々に進級し、大尉にまで出世していく物語で、当時の子供たちの人気者になった。

【問題5】　**田中絹代**
　　　　（たなかきぬよ）〈1909〜1977〉
松竹蒲田が五所平之助監督の「マダムと女房」を製作、日本初のトーキー映画（発声映画）が封切られた。田中絹代はこうした日本映画の黎明期を支えた大女優。

昭和7年（1932年）

【問題1】　**犬養毅**
　　　　（いぬかいつよし）〈1855〜1932〉
海軍の青年将校と右翼らが政権を奪おうと起こしたクーデター、五・一五事件。首相官邸に乗り込んだ青年将校に犬養毅は「話せばわかる」と対話の姿勢を見せたが「問答無用」と射殺された。財閥や政党を倒し、軍部中心の政府を作る計画があった。この事件で政党内閣時代は終わり軍人が政治に干渉するようになる。

【問題2】　**斎藤実**
　　　　（さいとうまこと）〈1858〜1936〉
帝国議会で述べた施政方針演説で「自力更生」運動を提唱。困窮した農村保護に当たって打ち出した斎藤実内閣のスローガン。

【問題3】　**愛新覚羅溥儀**
　　　　（あいしんかくらふぎ）〈1906〜1967〉
日本が満州国（現・中国東北部）を建国。満州事変後、関東軍は清国の最後の皇帝、愛新覚羅溥儀を執政にむかえたが第二次世界大戦で日本が敗戦、満州国も消滅。戦後、日本の侵略を助けた罪を問われ中国の戦争犯罪人とされたが、1959（昭和34）年に釈放される。

【問題4】　**鶴田義行**
　　　　（つるたよしゆき）〈1903〜1986〉
ロサンゼルス大会の日本の水泳陣は金メダル5、銀メダル5、銅メダル2という圧倒的な成績をあげた。

【問題5】　**南部忠平**
　　　　（なんぶちゅうへい）〈1904〜1997〉
陸上三段跳びの記録は15メートル72。この大会で南部忠平は、走り幅跳びでも銅メダルを獲得した。

昭和8年（1933年）

【問題1】　松岡洋右
　　　　（まつおかようすけ）〈1880〜1946〉
満州国の独立を認めないという案が国際連盟の総会で、賛成42、反対1で可決。連盟への訣別演説を「さようなら」で締めくくり退場。その後、正式に国際連盟への脱退通知をして戦争への道を歩むことになる。

【問題2】　川島芳子
　　　　（かわしまよしこ）〈1907〜1948〉
この年、満州国建国にともない安国軍（定国軍）が創設され、総司令に就任。マスコミに大きくとりあげられ、「男装の麗人」「東洋のマタ・ハリ」などと呼ばれ、川島芳子をモデルにした村松梢風の小説「男装の麗人」が一世を風靡。戦後間もなく、中華民国政府によって漢奸として逮捕、銃殺刑となったが替え玉説や生存説が流布されている。

【問題3】　古川ロッパ
　　　　（ふるかわろっぱ）〈1903〜1961〉
ロイド眼鏡と丸顔がトレードマーク。声色を「声帯模写」と命名したことでも有名。徳川夢声が倒れた時、得意の声帯模写でラジオ出演、聴取者はそれにまったく気がつかなかったという。戦前の喜劇界で榎本健一（エノケン）と人気を二分した。

【問題4】　大河内傳次郎
　　　　（おおこうちでんじろう）〈1898〜1962〉
この年、チャンバラ映画「丹下左膳」の第一作が誕生。「およよ、しぇい（姓）は丹下、名はしゃぜん（左膳）」の台詞で一世を風靡。この作品をきっかけに丹下左膳を当たり役にして、シリーズ17作に主演した。

【問題5】　小唄勝太郎
　　　　（こうたかつたろう）〈1904〜1974〉
作詞・西条八十、作曲・中山晋平。この曲の大ヒットで東京の各所では盆踊りが流行、歌詞にあるヤートナ、ソレヨイヨイヨイのはやしことばが、あちこちで聞こえ、海外まで波及する大ブームになった。

昭和9年（1934年）

【問題1】　アドルフ・ヒトラー
　　　　〈1889〜1945〉
巧みな演説でドイツ人民の心を掌握、ナチス党首としてユダヤ人迫害を推し進めた独裁政治家。前年、首相に就任し一党独裁制を確立。この年、大統領を兼ねて総統となり、軍備を拡張し対外侵略を強行。1939（昭和15）年のポーランド侵攻で第二次世界大戦を引き起こす。

【問題2】　直木三十五
　　　　（なおきさんじゅうご）〈1891〜1934〉
「南国太平記」「仇討浄瑠璃坂」などで大衆作家の地位を確立。31歳の時、三十一の筆名を用いて以後、三十二、三十三と改め、三十五で定着した。この年の2月に死去。翌年、親交の深かった文藝春秋社の菊池寛が直木三十五（直木賞）を記念して芥川龍之介賞（芥川賞）とともに創設。

【問題3】　沢村栄治
　　　　（さわむらえいじ）〈1917〜1944〉
この年、静岡草薙球場で大リーグ選抜と全日本軍が対戦、ルー・ゲーリックに本塁打を打たれ0対1で敗れたが、弱冠17歳で大リーグ相手に三振9個を奪う快投を見せた。ベーブ・ルースをはじめ、名だたるメジャーリーガーに賞賛された。1944（昭和19）年に戦死。

【問題4】　竹久夢二
　　　　（たけひさゆめじ）〈1884〜1934〉
大正時代に活躍、数多くの美人画を残し、その抒情的な作品は「夢二式美人」などと呼ばれた。代表作に「女十題」、詩集「どんたく」など。この年の9月に死去。享年49。

【問題5】　東海林太郎
　　　　（しょうじたろう）〈1898〜1972〉
作詞・佐藤惣之助、作曲・竹岡信幸。東海林太郎は34歳で歌手デビュー。直立不動で歌うスタイルが特徴でその後も「国境の町」「旅笠道中」「野崎小唄」など、ヒット曲を連発、日本を代表する歌手に。

答え　昭和8年（1933年）〜昭和9年（1934年）

昭和10年 (1935年)

【問題1】 美濃部達吉
（みのべたつきち）〈1873～1948〉
天皇は国家の機関であって主権をもつものではないという、天皇機関説をとなえたため、軍部や右翼から非難された。その後、著書「憲法堤要」などが発売禁止になり貴族院の職も追われた。

【問題2】 吉川英治
（よしかわえいじ）〈1892～1962〉
朝日新聞に新聞小説「宮本武蔵」が連載開始。新聞小説史上かつてないほど人気になり、その後、徳川夢声によるラジオ朗読や、映画化されるほどの人気を博し、単行本は、以後2000万冊以上も出版された。

【問題3】 吉岡隆徳
（よしおかたかよし）〈1909～1984〉
甲子園で行われた日比陸上競技大会で、100メートルを10秒3の世界タイ記録を樹立。吉岡隆徳が、日の丸の鉢巻きをしめていたことから「暁の超特急」と呼ばれた。

【問題4】 中原淳一
（なかはらじゅんいち）〈1913～1983〉
1932（昭和7）年、銀座松屋にて「中原淳一・第一回フランス・リリック人形展覧会」を開催、一躍有名になり「少女の友」と契約を結ぶ。この年から「少女の友」の表紙画を担当した。戦後も自分の雑誌「それいゆ」「ひまわり」などを創刊、女性誌の基礎を作った。

【問題5】 寺田寅彦
（てらだとらひこ）〈1878～1935〉
1913（大正2）年、結晶によるX線回折の実験で世界的に知られる。地震研究所で地震予防と防災の研究を進め「天災は忘れた頃にやってくる」の有名な警句を残す。優れた随筆家としても知られ、数々の著書もある。夏目漱石との交遊も有名。この年の大晦日に死去。

昭和11年 (1936年)

【問題1】 高橋是清
（たかはしこれきよ）〈1854～1936〉
高橋是清は財務、金融のプロで、その風貌から「ダルマ蔵相」と呼ばれた。陸軍の一部の将校たちが武力で政府を倒そうとした二・二六事件で岡田啓介内閣は倒れ、軍部は政治への発言権を強めていった。

【問題2】 阿部定（あべさだ）〈1905～?〉
東京・尾久の待合で、性交中に愛人の料理店主・石田吉蔵を絞殺、局部を切り取るという事件が発生。阿部定はそれを持ち歩いて逃げ、石田の左太ももには「定吉二人キリ」という血文字が残され、左腕に「定」と刻まれていたこの猟奇殺人事件は、逮捕後に号外が出るほど、庶民の興味を強く惹いた。

【問題3】 前畑秀子
（まえはたひでこ）〈1914～1995〉
3分3秒6の世界新記録で優勝。実況中継を担当した河西三省アナウンサーが「前畑ガンバレ、前畑ガンバレ」と連呼、深夜の日本国民を熱狂させた。

【問題4】 渡辺はま子
（わたなべはまこ）〈1910～1999〉
「忘れちゃいやよ」は、渡辺はま子が甘えた声で歌って、またたく間に大ヒットしたが、検閲当局が「官能的唱歌」と称して発禁に。その後、ビクターは渡辺はま子にサラッとした歌い方に直させ、改題して発売するも売れず、発禁盤がプレミアつきで売れた。

【問題5】 高勢実乗
（たかせみのる）〈1897～1947〉
高勢実乗がドジョウヒゲに大きな目玉の下を墨でぬった奇妙な格好をして、日活映画「怪盗白頭巾」の中で「アーノネ、オッサン、ワシャカーナワンヨ」のセリフを連発、長い間流行語になったが「皇国精神にもとる」として、1940（昭和15）年ついに禁止に。ちなみに「オッサン」という呼び方が一般化したのはこの文句から。

答え 昭和10年（1935年）～昭和11年（1936年）

昭和12年（1937年）

【問題1】　林銑十郎
　　　　　（はやしせんじゅうろう）〈1876～1943〉
広田内閣の後、一度は決まりかけた宇垣一成内閣を石原莞爾らが強引に阻止し、林銑十郎を擁立。首相時に、特に何もしなかったことから名前を取って「何もせん十郎」といわれ当時の流行語になった。

【問題2】　横山大観
　　　　　（よこやまたいかん）〈1868～1958〉
文化勲章が制定、第一回受章者は9人にのぼったが、そのうちのひとりに日本画家の横山大観が選ばれた。文化勲章は日本の文化の向上、発展に著しい功績を残した人物に授与されるもの。

【問題3】　広沢虎造
　　　「二代目」（ひろさわとらぞう）〈1899～1964〉
浪曲「次郎長外伝」の中の「石松代参」で、森の石松が死に際に言うセリフ「馬鹿は死ななきゃ治らない」の言葉が流行語になった。独特の名調子「虎造節」は、ラジオ、レコードで全国的な人気に。

【問題4】　永井荷風
　　　　　（ながいかふう）〈1879～1959〉
「墨東綺譚」は、作者の小説中、最高傑作ともいわれ、1960（昭和35）年・1992（平成4）年に映画化された。同書中には、永井荷風が撮影したモデルになった玉の井のスナップ写真が添えられている。

【問題5】　長谷川一夫
　　　　　（はせがわかずお）〈1908～1984〉
林長二郎の名で松竹から映画界にデビュー。この年、東宝に移籍するが、移籍契約のもつれから何者かに顔を斬られる。この傷がまた、二枚目俳優の売りに。移籍後、本名の長谷川一夫を名乗り活躍。日本映画最大のスターといわれた。ちなみに「ミーハー」という言葉は若い女性が大好きな「みつまめ」の「み」と「林長二郎」の「は」をくっつけ「ミーハー」といったことから。

昭和13年（1938年）

【問題1】　岡田嘉子
　　　　　（おかだよしこ）〈1902～1992〉
演出家の杉本良吉と人気女優の岡田嘉子が雪の樺太国境を越えソ連に亡命。「恋の越境」と日本列島を驚かせた。杉本は共産党員だったことから「赤い愛の逃避行」とも言われた。その後、岡田嘉子はスパイ容疑で拘束されるが、のちソ連市民権を獲得。1972（昭和47）年に34年ぶりに帰国。

【問題2】　淡谷のり子
　　　　　（あわやのりこ）〈1907～1999〉
前年に発売した「別れのブルース」が大ヒット。この年に発売した「雨のブルース」も大ヒットを記録し、「ブルースの女王」の名を不動のものにした。

【問題3】　中島治康
　　　　　（なかじまはるやす）〈1909～1987〉
巨体を生かした豪快スイングで「和製ベーブ・ルース」と呼ばれ、この年、打率.361、本塁打10、打点38を記録。当時は首位打者だけがタイトルという考え方で、全く注目されず、1965（昭和40）年野村克也が三冠王を獲得し初めてクローズアップされ、中島の三冠王が正式にプロ野球実行委員会から認定を受けた。

【問題4】　上原謙
　　　　　（うえはらけん）〈1909～1991〉
松竹映画「愛染かつら」が大ヒット。田中絹代演じる父親の経営する病院の看護婦と医師が恋をし、さまざまな障害が待ち受けるというストーリー。上原謙は日本映画を代表する二枚目スターで、俳優・歌手の加山雄三の父親としても知られる。

【問題5】　柳家金語楼
　　　　　（やなぎやきんごろう）〈1901～1972〉
朝日新聞社と吉本興業が提携、戦地慰問に送った演芸隊「笑わし隊」が大活躍。その他に横山エンタツ、ミス・ワカナなども。柳家金語楼は戦後、NHKテレビ「ジェスチャー」のキャプテンで活躍。

答え　昭和12年（1937年）～昭和13年（1938年）

昭和14年（1939年）

【問題1】　平沼騏一郎
　　　　（ひらぬまきいちろう）〈1867～1952〉
新年早々に誕生した平沼内閣だったが、第二次世界大戦直前の複雑な欧州の動きについて行けず、「欧州の天地は複雑怪奇」の声明を出して退陣。わずか八か月の短命政権で終わった。

【問題2】　双葉山定次
　　　　（ふたばやまさだじ）〈1912～1968〉
大相撲1月場所で、それまで69連勝を続けていたが安芸ノ海に敗れて連勝記録がついにストップした。双葉山は大相撲史上稀に見るほどの圧倒的強さを誇ったことから「相撲の神様」と呼ばれている。

【問題3】　谷崎潤一郎
　　　　（たにざきじゅんいちろう）〈1886～1965〉
1935（昭和10）年から書き始め、3年がかりで完成させた「源氏物語」の現代語訳が刊行開始。最終的には全部で26巻の大作で原稿用紙は3391枚に及んだ。ちなみに、戦後も訳し直している。

【問題4】　徳川夢声
　　　　（とくがわむせい）〈1894～1971〉
「話術の神様」と呼ばれた徳川夢声。俳優、漫談家などマルチに活躍。「宮本武蔵」の朗読は全国の聴取者をラジオの前に釘づけにした。ちなみに「彼氏」という言葉は「彼女」に対して徳川夢声が考案した造語。

【問題5】　岡本かの子
　　　　（おかもとかのこ）〈1889～1939〉
兄の影響をうけ「明星」「スバル」に短歌を発表。1929（昭和4）年一家でパリにいき帰国後「鶴は病みき」「母子叙情」「老妓抄」などを発表。私生活では、夫の岡本一平と「奇妙な夫婦生活」（三人婚）を送ったことで知られる。この年、49歳で死去。

昭和15年（1940年）

【問題1】　近衛文麿
　　　　（このえふみまろ）〈1891～1945〉
この年の10月12日、新体制運動の拠点として、全政党が解散し「大政翼賛会」を結成。発会式で「大政翼賛の運動は臣民として国策に従い、強力におしすすめる臣道実践に尽きる」と述べた。1945年（6月）に解散。

【問題2】　斎藤隆夫
　　　　（さいとうたかお）〈1870～1949〉
「聖戦は虚偽、国民に犠牲を強いる根拠を示せ」と迫り翌日民政党を離党。その後、議員除名決議案が可決。1942（昭和17）年の翼賛選挙では権力からの妨害をはねのけて当選。

【問題3】　杉原千畝
　　　　（すぎはらちうね）〈1900～1986〉
前年にリトアニア共和国の日本領事館に領事代理として赴任。ドイツの迫害から逃れて米国に渡ろうとするユダヤ人が日本を通過するためのビザ（入国許可証）を求め領事館に殺到。外務省の支持に反して自らの判断でビザ発行を決断、およそ1か月間、ビザを書き続け、六千人ものユダヤ人の命が救われ、「命のビザ配給」と言われた。

【問題4】　伊東久男
　　　　（いとうひさお）〈1910～1983〉
野村俊夫作詞、古関裕而作曲の軍事歌謡。歌詞の一節の「あの顔であの声で」は流行語になった。伊東久男は「チャーさん」の愛称で親しまれ、戦後は「イヨマンテの夜」が大ヒットを記録した。

【問題5】　高峰三枝子
　　　　（たかみねみえこ）〈1918～1990〉
「湖畔の宿」は佐藤惣之助作詞、服部良一作曲。高峰三枝子は1936（昭和11）年、松竹大船に入社。吉村公三郎監督の映画「暖流」で令嬢役を演じトップスターに。1981（昭和56）年上原謙と出演した国鉄（現・JR）の「フルムーン」のCMが話題を呼んだ。

答え　昭和14年（1939年）～昭和15年（1940年）

昭和 16 年 (1941 年)

【問題 1】 東条英機
（とうじょうひでき）〈1884 ～ 1948〉
10月18日、東条英機内閣が成立。11月の御前会議で対米英開戦準備を決め太平洋戦争へと突入。日本は真珠湾を攻撃し、米英に宣戦布告。その後、戦局の悪化につれ東条は軍需相や参謀総長を兼任したが、1944（昭和19）年サイパン島陥落の責任をとり総辞職。終戦後、戦争犯罪人として極東国際軍事裁判にかけられ絞首刑となった。

【問題 2】 山口淑子
（やまぐちよしこ）〈1920 ～ 2014〉
この年、中国のスター女優、李香蘭が日劇に出演、大勢のファンが大挙して日劇の周囲を七周り半もの観客が取り巻き、暴動寸前の群衆を移動させるために消防車が散水した「日劇七周り半事件」が起きた。戦後は日本で本名の山口淑子で活躍。

【問題 3】 高村光太郎
（たかむらこうたろう）〈1883 ～ 1956〉
詩集「智恵子抄」が龍星閣から出版。出会いから死、死後にいたるまで妻・智恵子への変わらぬ愛を歌いあげたもので、ベストセラーになった。「道程」に続く高村光太郎の第二詩集。父は彫刻家の高村光雲。

【問題 4】 ピストン堀口
（ピストンほりぐち）〈1914 ～ 1950〉
日本のプロボクシング界初のスター選手。両国国技館で行われた日本プロボクシング史上「世紀の一戦」と呼ばれた対笹崎戦で「ピストン戦法」と呼ばれる激しいラッシュを浴びせてTKO勝利。試合後に「拳聖」と称された。

【問題 5】 南方熊楠
（みなかたくまぐす）〈1867 ～ 1941〉
「歩く百科事典」の異名を持ち、菌類学者としては粘菌の研究で有名。粘菌の分野で世界的な業績を上げた。この年の12月、萎縮腎で死去。享年74。

昭和 17 年 (1942 年)

【問題 1】 山下奉文
（やましたともゆき）〈1885 ～ 1946〉
太平洋戦争で第25軍司令官としてマレー攻略作戦を指揮、短期間のうちにシンガポールを攻略した。開戦直後、シンガポール攻略という大きな戦績をあげ、この活躍によって山下は「マレーの虎」と呼ばれる。戦後、マニラの軍事裁判で捕虜虐待などの責任をとわれ、処刑された。

【問題 2】 与謝野晶子
（よさのあきこ）〈1878 ～ 1942〉
夫、与謝野鉄幹と明星派を率いて日本浪漫主義を代表する歌人として、多くの歌集を発表。この年の5月、死去、享年63。

【問題 3】 柳田國男
（やなぎたくにお）〈1875 ～ 1962〉
「こども風土記」は朝日新聞に連載、子どもの遊びについての考察を挿絵入りでまとめた一冊。柳田國男は日本の民俗学の開拓者で知られ、近代日本を代表する思想家の一人。

【問題 4】 照国萬蔵
（てるくにまんぞう）〈1919 ～ 1977〉
大相撲の安芸ノ海と横綱に同時昇進。取り組みの際、色白の巨体が徐々に赤くなっていく様子と、リズミカルな取り口で「桜色の音楽」と呼ばれ人気があった。23歳4か月での横綱昇進は、梅ヶ谷藤太郎の持つ最年少横綱の記録を39年ぶりに更新。双葉山に唯一、通算成績で勝ち越している力士でもある（3勝2敗）。

【問題 5】 灰田勝彦
（はいだかつひこ）〈1911 ～ 1982〉
作詞・佐伯孝夫、作曲・佐々木俊一。この年、映画と同名の主題歌「新雪」が大ヒット。灰田勝彦はハワイアン、ヨーデル、流行歌で一世を風靡、映画俳優としても活躍。「峠の我が家」「野球小僧」などヒット多数。

答え 昭和16年（1941年）～昭和17年（1942年）

昭和18年 (1943年)

【問題1】 山本五十六
　　　　　（やまもといそろく）〈1884～1943〉
太平洋戦争開戦時の連合艦隊司令官として真珠湾攻撃やミッドウェー海戦の指揮をとったが、この年、ラバウルから前線視察に向かう途中、暗号解読でその日程を知っていた米軍機の待ち伏せにあい戦死。6月に国葬が行われた。

【問題2】 中野正剛
　　　　　（なかのせいごう）〈1886～1943〉
東条内閣打倒を画作したが失敗に終わり、憲兵隊に取調べを受け、保釈後の深夜に割腹自殺した。東京朝日新聞記者として護憲運動に奔走し、「東方時論」を刊行。のち衆議院に8回当選。

【問題3】 戸栗郁子（アイバ・戸栗）
　　　　　（とぐりいくこ）〈1916～2006〉
第二次世界大戦中の日本の連合軍向け宣伝放送のアナウンサー。日本放送協会海外局（ラジオ東京）で、対米宣伝放送「ゼロ・アワー」を担当。戦意を低めるのが目的だったが、戦いで疲れたアメリカ兵の心を癒し、米兵から「東京ローズ」と呼ばれた。

【問題4】 木下惠介
　　　　　（きのしたけいすけ）〈1912～1998〉
この年、日本映画界の巨匠、黒沢明が映画監督デビュー。同じく、この年に木下惠介が「花咲く港」でデビューして黒沢明と終生のライバルとして日本映画界を支えた。1991（平成3）年に文化功労者に選出。

【問題5】 諏訪根自子
　　　　　（すわねじこ）〈1920～2012〉
戦時中はパリとドイツを中心に活躍。この年、ナチ・ドイツの宣伝相ゲッペルスからストラディヴァリウスと伝えられるバイオリンを贈られた。当時、新聞記事にもなったが、ゲッペルスがどこからストラディヴァリウスを入手したのか謎に包まれている。

昭和19年 (1944年)

【問題1】 小磯國昭
　　　　　（こいそくにあき）〈1880～1950〉
記者会見では「フィリピン周辺の戦闘こそ天王山というべき重要な戦い」と述べ、天王山の言葉が話題になった。翌年の元旦には「天王山はルソン島に移った」と発言。戦後、戦犯として終身刑。

【問題2】 大西瀧治郎
　　　　　（おおにしたきじろう）〈1891～1945〉
大日本帝国海軍の航空機による特別攻撃隊、神風特別攻撃隊が10月に最初の攻撃隊が編成され、終戦まで続いた。神風特攻による戦死者は3500名に及んだ。神風特別攻撃隊は大西滝治郎が第一航空艦隊の司令長官に就任した際に発案されたとされているが、発案者は大西単独ではないという説も。敗戦直後に自決。

【問題3】 尾崎秀実
　　　　　（おざきほつみ）〈1901～1944〉
ソ連のスパイ組織が日本の政治・軍事上の機密をソ連に通報していたとされる「ゾルゲ事件」で、ゾルゲとともに処刑された。首謀者の1人として裁判を経て、その獄中から妻子に宛てた書簡集「愛情はふる星のごとく」は戦後にベストセラーになった。

【問題4】 若林忠志
　　　　　（わかばやしただし）〈1908～1965〉
職業野球（プロ野球）は戦前最後のシーズンは35試合しか行われなかったが、そのうち31試合に登板、自軍の阪神を優勝に導きMVPを獲得。

【問題5】 上原敏
　　　　　（うえはらびん）〈1908～1944〉
サラリーマンから歌手に転じ、1936（昭和11）年「月見踊り」でデビュー。専修大在学中は東都大学野球の優勝投手だった。この年、ニューギニア戦線で病死。

昭和20年から昭和29年

サンフランシスコ講和条約

昭和 20 年から昭和 29 年

年号	首相	出来事
昭和 20 1945	鈴木貫太郎 / 東久邇宮稔彦 幣原喜重郎	❀米軍沖縄に上陸，鈴木内閣が成立する。❀ドイツが無条件降伏する。❀広島・長崎に原爆投下，ソ連対日宣戦布告。❀ポツダム宣言を受諾して無条件降伏。❀インドシナ戦争が起こる。❀連合国軍事総司令部（GHQ）が東京に設置。❀日本社会党・日本自由党・日本進歩党などの政党が結成。❀GHQ が財閥解体を指令。❀改正選挙法を公布する（婦人選挙権獲得）。❀第 1 次農地改革はじまる。
昭和 21 1946	吉田茂	❀天皇が神格否定の詔書を出す（人間宣言）。❀金融緊急措置令を公布し，預金封鎖と新円切換えを行う。❀男女平等に基づく最初の総選挙が行われ、婦人代議士 39 名が当選する。❀A 級戦争犯罪人を裁く極東軍事裁判が始まる。❀労働組合法を実施する。❀第 2 次農地改革はじまる。❀日本国憲法が公布される。❀パリ講和会議が開かれる。
昭和 22 1947	片山哲	❀GHQ が二・一ゼネストに中止指令を出す。❀教育基本法・学校教育法を公布。❀六・三制の新教育制度が実施。❀労働基本法・独占禁止法を公布。衆議院選挙で社会党が第 1 党に。❀社会党片山内閣が成立する。❀日本国憲法が施行される。❀最高裁判所をおく。❀改正刑法（不敬罪・姦通罪廃止）を公布する。❀フランスで第四共和国が発足する。❀コミンフォルムができる。
昭和 23 1948	芦田均 / 吉田茂	❀改正民法・新戸籍法・児童福祉法を実施する。❀国家公務員法を改定，公務員の罷業権団体交渉権を廃止（政令 201 号）。❀極東国際軍事裁判で A 級戦犯に判決。❀岸信介ら A 級戦犯 16 人を釈放。❀国連総会で世界人権宣言が採択される。❀ベルリン経済封鎖が行われる。❀大韓民国と朝鮮民主主義人民共和国が成立。❀ベトナム民主共和国が成立する。
昭和 24 1949		❀アメリカのドッジ公使が日本の財政を指導（ドッジ・ライン実施）。❀下山事件（下山国鉄総裁の轢死体発見）、三鷹事件（無人電車の暴走）、松川事件（列車転覆）がおこる。❀単一為替レートを設定（1 ドル 360 円）。❀シャウプ博士が税制改革を実施（シャウプ勧告）。❀湯川秀樹がノーベル物理学賞を受ける。❀北大西洋条約機構ができる。❀中華人民共和国が成立し、国民政府は台湾に移る。

年号	首相	出来事
昭和25 1950		❀自由党（吉田茂）が結成される。❀GHQが日本共産党中央委員24人を公職追放する。❀共産党員とその同調者の追放が始まる（レッド・パージ）。❀警察予備隊ができる。❀朝鮮戦争が始まる。❀アメリカでマッカーシー旋風が起こる。❀インド共和国が成立する。❀日本労働組合総評議会（総評）を結成する。
昭和26 1951		❀連合国最高司令官マッカーサーが解任される。❀児童憲章が制定される。❀政財界人の追放解除がはじまる。❀ラジオの民間放送がはじまる。❀サンフランシスコ講和会議が開かれ、対日平和条約・日米安全保障条約が結ばれる。❀社会党が左右両派に分裂する
昭和27 1952		❀日米行政協定（米軍駐留の条件の規定）が調印される。❀皇居前広場でメーデー事件がおこる（血のメーデー）。❀共産党主導のデモ隊2万人が警官隊と衝突（逮捕者1232人）。❀破壊活動防止法を公布する。❀第15回オリンピック、ヘルシンキ大会に戦後初めて参加。❀日印平和条約に調印する対日平和条約発効し，主権を回復する。❀南太平洋で水爆実験が始まる。
昭和28 1953		❀ユーゴスラビアでチトー大統領、アメリカでアイゼンハワー大統領が就任。❀NHKがテレビ本放送をはじめる。❀スト規制法が成立。❀民放テレビとして日本テレビが放送開始。❀吉田首相のバカヤロー解散，吉田派と鳩山派に分裂。❀エジプトが共和国宣言を行う。❀朝鮮休戦協定が調印される。❀奄美群島返還の日米協定調印され、本土復帰。
昭和29 1954	鳩山一郎	❀第五福竜丸がビキニ環礁でアメリカの水爆実験の放射能を浴びる。❀米国との間に日米相互防衛援助協定（MSA）協定が締結される。❀政治的中立に関する教育二法を公布。❀防衛庁・自衛隊が発足。❀インドシナ戦争終結のジュネーブ協定が調印される。周恩来・❀ネールが平和五原則を発表する。❀吉田内閣が倒れ，鳩山内閣が成立する。❀東南アジア条約機構成立。

昭和20年（1945）

【問題1】
第二次世界大戦の終戦を実現させた戦前最後の総理大臣は？

鈴木 ○太郎

【問題2】
一億総ざんげを呼びかけた終戦後最初の総理大臣は？

○○○○ 稔彦

【問題3】
連合国軍最高司令官（GHQ）として日本に来日した人物は？

ダグラス・○○○ーサー

【問題4】
ミズーリ艦上で降伏文書調印式を行った日本政府代表は梅津陸軍参謀総長と、あと一人は？

○○ 葵

【問題5】
天皇制維持、新憲法草案作成などをめぐりGHQとの交渉に当たったこの年3人目の総理大臣は？

○○ 喜重郎

【この年】米軍沖縄に上陸、鈴木内閣が成立する。ドイツが無条件降伏する。広島・長崎に原爆投下、ソ連対日宣戦布告。ポツダム宣言を受諾して無条件降伏。インドシナ戦争が起こる。答えは58ページ

38

昭和 20 年（1945）

【問題 6】
「空気投げ」をあみ出し、「柔道の神様」と呼ばれた柔道家は？

◯◯ 久蔵

【問題 7】
「阪妻（バンツマ）」の愛称で呼ばれたチャンバラ時代劇のスターは？

阪◯ 妻◯郎

【問題 8】
「女の一生」で主演を演じた女優は？

杉村 ◯◯

【問題 9】
戦後のヒット曲第一号「リンゴの唄」を歌った歌手は？

◯◯ 路子

【問題 10】
エノケン一座や映画で活躍、「新劇の団十郎」といわれた俳優は？

◯◯ 定夫

【この年】連合国軍事総司令部（GHQ）が東京に設置される。日本社会党・日本自由党・日本進歩党などの政党が結成される。GHQが財閥解体を指令する。改正選挙法を公布する（婦人選挙権獲得）。第一次農地改革はじまる。

答えは58ページ

昭和 21 年 (1946)

【問題 1】
亡命先の中国から16年ぶりに帰国、「愛される共産党」と演説した人物は？

○○ 参三

【問題 2】
東京裁判で「天皇を裁かず」と言明した首席検事は？

ジョセフ・キー○○

【問題 3】
「青バット」で戦後初の本塁打王のタイトルを獲得した選手は？

○○ 弘

【問題 4】
長谷川一夫との共演作に数多く出演、「ベルさん」の愛称で親しまれた昭和を代表する女優は？

山田 ○○ 鈴

【問題 5】
「サザエさん」が「夕刊フクニチ」で連載。日本初の女性プロの漫画家は？

長谷川 ○○

[この年] 天皇が神格否定の詔書を出す（人間宣言）。金融緊急措置令を公布し、預金封鎖と新円切換えを行う。男女平等に基づく最初の総選挙が行われ、婦人代議士39名が当選する。

答えは59ページ

昭和21年(1946)

【問題6】
「堕落論」を書いた作家は？

坂口○○

【問題7】
NHKラジオのクイズ番組「話の泉」で、「ご名答」という言葉を流行らせた司会者は？

○○信賢

【問題8】
ボギーの愛称で知られるハリウッド映画の俳優は？

ハンフリー・○○○○

【問題9】
「オカッパル」の愛称で知られる歌手は？

岡○○

【問題10】
「バタヤン」の愛称で知られる歌手は？

○○義夫

【この年】A級戦争犯罪人を裁く極東軍事裁判が始まる。労働組合法を実施する。第二次農地改革はじまる。日本国憲法が公布される。パリ講和会議が開かれる。

答えは59ページ

昭和 22 年 (1947)

【問題 1】
日本初の社会党委員長の総理大臣は？

○○ 哲

【問題 2】
婦人初の労働省の局長に任命された人物は？

山川 ○○

【問題 3】
小説「土曜夫人」の作者は？

○○ 作之助

【問題 4】
「ノンちゃん雲に乗る」でデビューした作家は？

○○ 桃子

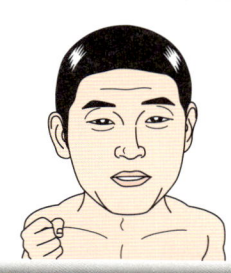

【問題 5】
「フジヤマのトビウオ」と呼ばれた水泳選手は？

○○ 広之進

【この年】GHQが二・一ゼネストに中止指令を出す。衆議院選挙で社会党が第一党に。教育基本法・学校教育法を公布。六・三制の新教育制度が実施。労働基本法・独占禁止法を公布。

答えは60ページ

昭和22年 (1947)

【問題6】
NHKラジオのクイズ番組「二十の扉」で「そのものズバリですか？」が流行語に。番組の司会者は？

◯◯ 修一

【問題7】
NHKのラジオ番組「日曜娯楽版」で台本、作詞、作曲、などを手掛けた放送作家は？

三木 ◯郎

【問題8】
NHKのラジオドラマ「鐘の鳴る丘」の作者は？

◯◯ 一夫

【問題9】
娼婦を歌った「星の流れに」が大ヒットを記録。この曲を歌った歌手は？

◯◯ 章子

【問題10】
大ヒット曲「夜のプラットホーム」を歌った歌手は？

◯◯ あき子

【この年】社会党内閣が成立する。日本国憲法が施行される。最高裁判所をおく。改正刑法（不敬罪・姦通罪廃止）を公布する。フランスで第四共和国が発足する。コミンフォルムができる。

答えは60ページ

昭和 23 年 (1948)

【問題 1】
昭和電工疑獄で総辞職した総理大臣は？

○○ 均

【問題 2】
おしゃもじをプラカードにして歩く「おしゃもじ運動」で注目を浴びた主婦連合会（主婦連）の会長は？

○ むめお

【問題 3】
イギリスの首相がアメリカで演説した際に使った言葉「鉄のカーテン」が流行語に。このイギリスの首相は？

ウィンストン・○○○○○

【問題 4】
弟子の大学教授夫人と家出して同棲。「老いらくの恋」と騒がれた歌人は？

○○ 順

【問題 5】
東京・三鷹の玉川上水で愛人と入水心中した作家は？

○○ 治

【この年】改正民法・新戸籍法・児童福祉法を実施する。国家公務員法を改定、公務員の罷業権団体交渉権を廃止（政令二〇一号）。極東国際軍事裁判でA級戦犯に判決。岸信介らA級戦犯16人を釈放。

答えは61ページ

昭和23年（1948）

【問題6】
混血児養護施設「エリザベス・サンダースホーム」を開園した女性は？

〇〇 **美喜**

【問題7】
女性として初めて文化勲章を受章した日本画家は？

上村 〇〇

【問題8】
生活雑誌「美しい暮しの手帖（のちに『暮しの手帖』）」が創刊。この雑誌の編集者は？

〇〇 **安治**

【問題9】
「東京ブギウギ」が爆発的大ヒット。この曲を歌って「ブギの女王」といわれた歌手は？

笠置 〇〇 **子**

【問題10】
「異国の丘」が大ヒット。作曲者不詳としてレコード発売されたが、後日、判明。後に国民栄誉賞を受賞したこの作曲者は？

〇〇 **正**

【この年】国連総会で世界人権宣言が採択される。ベルリン経済封鎖が行われる。大韓民国と朝鮮民主主義人民共和国が成立。ベトナム民主共和国が成立する。

答えは61ページ

昭和 24 年 (1949)

【問題 1】
「中間子論」で日本人初のノーベル賞を受賞（物理学賞）した人物は？

◯◯ 秀樹

【問題 2】
国鉄総裁が出勤途中に失踪、翌日、死体となって発見された事件が発生。この初代国鉄総裁は？

◯◯ 定則

【問題 3】
北京の天安門で中華人民共和国の成立を宣言した人物は？

毛◯東

【問題 4】
「永遠の処女」といわれた女優は？

原 ◯◯

【問題 5】
大相撲の横綱が休場決定直後に野球見物をして引退に追い込まれた力士は？

◯◯山 英五郎

【この年】アメリカのドッジ公使が日本の財政を指導（ドッジ・ライン実施）。下山事件（国鉄総裁の轢死体発見）、三鷹事件（無人電車の暴走）、松川事件（列車転覆）がおこる。

答えは62ページ

昭和24年（1949）

【問題6】
「物干し竿」と呼ばれた長いバットを用いて本塁打を量産、「ミスタータイガース」と呼ばれた選手は？

○○ 富美男

【問題7】
12歳にして映画「悲しき口笛」の主演を務め、同名の主題歌も歌いヒットさせた「天才少女歌手」は？

○○ ひばり

【問題8】
大ヒット曲「青い山脈」で、藤山一郎とデュエットした女性歌手は？

○○ 光枝

【問題9】
NHKラジオのバラエティー「陽気な喫茶店」で、「ギョギョッ」という言葉を流行らせたコメディアンは？

内海 ○○

【問題10】
「アジャパー」という言葉を流行らせたコメディアンは？

○ 淳三郎

【この年】単一為替レートを設定（1ドル360円）。シャウプ博士が税制改革を実施（シャウプ勧告）。湯川秀樹がノーベル物理学賞を受ける。北大西洋条約機構ができる。中華人民共和国が成立し、国民政府は台湾に移る。

答えは62ページ

昭和 25 年 (1950)

【問題 1】
「トッキュウ」のニックネームで知られた共産党戦後初代書記長は？

◯◯ 球一

【問題 2】
吉田茂首相が、全面講和論を唱える東京大学総長を「曲学阿世の徒」と批判。この東大総長は？

南原 ◯

【問題 3】
初代ミス日本に輝いた、のちの美人女優は？

山本 ◯◯子

【問題 4】
イギリスの作家D・H・ローレンスの「チャタレイ夫人の恋人」が猥褻表現で発禁に。日本語に訳した作家は？

伊藤 ◯

【問題 5】
小説「自由学校」で使われていた言葉「とんでもハップン」「いかれポンチ」などが流行語に。この小説の作者は？

◯◯ 文六

【この年】自由党（吉田茂）が結成される。GHQが日本共産党中央委員24人を公職追放する。共産党員とその同調者の追放が始まる（レッド・パージ）。警察予備隊ができる。

答えは63ページ

昭和 25 年（1950）

【問題 6】
プロ野球の日本シリーズで初代MVPを獲得。「球界の紳士」と呼ばれた選手は？

○○ 薫

【問題 7】
プロ野球史上初の完全試合を達成した巨人の投手は？

○○ 英雄

【問題 8】
桃屋が「江戸むらさき」を発売。桃屋のキャラクターになった喜劇俳優は？

三木 ○○ 平

【問題 9】
歌詞の中のバッテンボー（バッツェンボゥーズ）の言葉が流行した「ボタンとリボン」。日本語版を歌ってヒットさせた女性歌手は？

○ 真理子

【問題 10】
「爆笑王」「笑いの水爆」と呼ばれた落語家は？

三遊亭 ○○

【この年】朝鮮戦争が始まる。アメリカでマッカーシー旋風が起こる。インド共和国が成立する。日本労働組合総評議会（総評）を結成する。答えは63ページ

昭和 26 年 (1951)

【問題1】
「ワンマン宰相」と呼ばれた総理大臣は？

○○ 茂

【問題2】
日本航空会長、東商会頭、日商会頭となって、長く財界トップの座にあり、その後、政界へ進出した人物は？

○○ 愛一郎

【問題3】
マッカーサー元帥を解任したアメリカの大統領は？

ハリー・○○○マン

【問題4】
「アナタハンの女王」と呼ばれ話題になった女性は？

○○ 和子

【問題5】
「羅生門」がベネチア国際映画祭でグランプリを獲得。この映画監督は？

○○ 明

【この年】連合国最高司令官マッカーサーが解任される。児童憲章が制定される。政財界人の追放解除がはじまる。ラジオの民間放送がはじまる。

答えは64ページ

昭和 26 年 (1951)

【問題6】
日本初の総天然色映画、木下恵介監督の「カルメン故郷に帰る」。この映画の主演女優は？

高峰 ○○

【問題7】
ボストンマラソンに日本が初めて参加。弱冠19歳で優勝した日本人は？

○○ 茂樹

【問題8】
「ストリッパー・ベスト10」が選定され、腰を激しくクネらせるグラインドというダンステクニックが人気で1位に輝いたストリッパーは誰？

○○○ー・ローズ

【問題9】
「コーチャン」の愛称で人気のシャンソン歌手は？

○○ 吹雪

【問題10】
大ヒット曲「ミネソタの卵売り」を歌った歌手は？

○ テル子

【この年】サンフランシスコ講和会議が開かれ、対日平和条約・日米安全保障条約が結ばれる。社会党が左右両派に分裂する。

答えは64ページ

51

昭和 27 年 (1952)

【問題 1】
漫画「鉄腕アトム」の作者は？

手塚 ○○

【問題 2】
映画「風と共に去りぬ」で、スカーレット・オハラ役を演じた女優は？

ヴィヴィアン・○○

【問題 3】
戦後初のオリンピック参加はヘルシンキオリンピック。唯一の金メダルを獲得したレスリング・バンタム級の選手は？

○○ 庄八

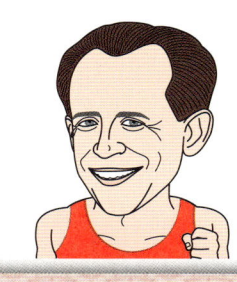

【問題 4】
ヘルシンキオリンピックで、陸上の5000m、10000m、マラソンの3種目で金メダルを獲得。「人間機関車」の愛称で呼ばれた選手は？

エミール・○○ペック

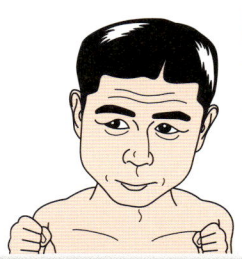

【問題 5】
ボクシングで日本人で初めての世界王者になったボクサーは？

○○ 義男

【この年】日米行政協定（米軍駐留の条件の規定）が調印される。皇居前広場でメーデー事件がおこる（血のメーデー）。共産党主導のデモ隊二万人が警官隊と衝突（逮捕者1232人）。

答えは65ページ

52

昭和 27 年 (1952)

【問題6】
NHKラジオドラマで人気を博し、映画化された「君の名は」で、氏家真知子役を演じた女優は？

◯ 恵子

【問題7】
変態（HENTAI）の頭文字からつけられたエッチという言葉が、新聞の連載小説「白い魔魚」の中で使われ流行語に。この小説の作者は？

◯◯ 聖一

【問題8】
長編小説「二十四の瞳」の作者は？

壺井 ◯

【問題9】
大ヒット曲「上海帰りのリル」を歌った歌手は？

◯◯ 謙

【問題10】
「テネシーワルツ」でデビュー。美空ひばり、雪村いずみと合わせ「三人娘」と呼ばれた歌手は？

江利 ◯◯◯

[この年] 破壊活動防止法を公布する。第15回オリンピック、ヘルシンキ大会に戦後初めて参加。日印平和条約に調印する対日平和条約発効し、主権を回復する。南太平洋で水爆実験が始まる。

答えは65ページ

昭和 28 年（1953）

【問題 1】
衆議院予算委員会で、吉田茂首相が質問者に対して「バカヤロー」と発言。このときの右派社会党議員の質問者は？

○○ 栄一

【問題 2】
民放第一号、日本テレビ放送網が本放送開始。「テレビ放送の父」といわれた日本テレビ初代社長は？

○○ 松太郎

【問題 3】
第二次世界大戦下に書きつづった少女の日記をもとにした「光ほのかに ●●●の日記」がベストセラーに。この少女の名前は？

○○○・フランク

【問題 4】
ミス・ユニバース世界3位に入賞。「八頭身美人」といわれた日本代表は？

伊東 ○○

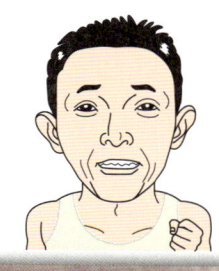

【問題 5】
ボストンマラソンで世界最高記録で優勝した日本人選手は？

○○ 敬蔵

【この年】ユーゴスラビアでチトー大統領、アメリカでアイゼンハワー大統領が就任。NHKがテレビ本放送をはじめる。スト規制法が成立。民放テレビとして日本テレビが放送開始。

答えは66ページ

昭和 28 年 (1953)

【問題 6】
この年から 4 年連続で本塁打王に輝き「怪童」と呼ばれた西鉄ライオンズの選手は？

◯◯太

【問題 7】
そろばん片手に「さいざんす」「おこんばんは」など「トニーグリッシュ」といわれる独特の言葉を流行らせたコメディアンは？

トニー◯

【問題 8】
NHK 大阪のラジオドラマ「お父さんはお人好し」の中で、「むちゃくちゃでござりまするがな」という言葉を流行らせたコメディアンは？

花菱◯◯◯◯

【問題 9】
NHK のクイズ番組「ジェスチャー」で、4 代目司会者として 10 年にわたって活躍したアナウンサーは？

◯◯宏

【問題 10】
「街のサンドイッチマン」を歌った映画スターの歌手は？

◯◯浩二

【この年】吉田首相のバカヤロー解散、吉田派と鳩山派に分裂。エジプトが共和国宣言を行う。朝鮮休戦協定が調印される。奄美群島返還の日米協定調印され、本土復帰。

答えは 66 ページ

昭和 29 年（1954）

【問題1】
第5次吉田内閣の総辞職後、総理に就任した人物は？

鳩山 ◯◯

【問題2】
日本初の特撮怪獣映画「ゴジラ」が大ヒット。「特撮の神様」と呼ばれた、この映画の特撮監督は？

◯◯ 英二

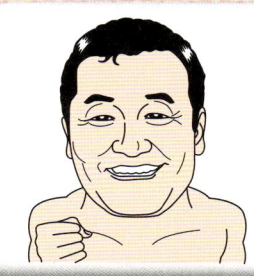

【問題3】
「空手チョップ」で、テレビ時代最初のヒーローになったプロレスラーは？

◯道山

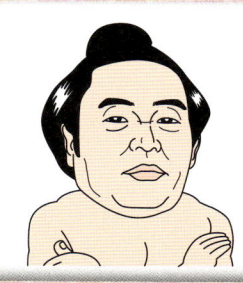

【問題4】
名人横綱と呼ばれ、初代若乃花と人気を二分した横綱は？

◯◯ 清隆

【問題5】
魔球とよばれたフォークボールを駆使し「フォークボールの神様」と呼ばれた中日ドラゴンズの投手は？

◯◯ 茂

【この年】第五福竜丸がビキニ環礁でアメリカの水爆実験の放射能を浴びる。米国との間に日米相互防衛援助協定（MSA）協定が締結される。政治的中立に関する教育二法を公布。

答えは67ページ

昭和 29 年 (1954)

【問題 6】
数学界のノーベル賞といわれるフィールズ賞を、日本人として初めて受賞した人は？

〇〇 **邦彦**

【問題 7】
来日の記者会見で、「寝る時は何を着て寝ますか」との質問に対し「シャネルの5番よ」と答えたハリウッドの大スター女優は？

マリリン・〇〇〇ー

【問題 8】
映画「ローマの休日」で王女役を演じた新人女優は？

オードリー・〇〇〇ーン

【問題 9】
映画「笛吹き童子」で一躍、時代劇のスターになった俳優は？

中村 〇〇〇

【問題 10】
大ヒット曲「お富さん」を歌った歌手は？

〇〇 **八郎**

【この年】防衛庁・自衛隊が発足。インドシナ戦争終結のジュネーブ協定が調印される。周恩来・ネールが平和五原則を発表する。吉田内閣が倒れ、鳩山内閣が成立する。東南アジア条約機構成立。

答えは67ページ

昭和 20 年 (1945 年)

【問題 1】 鈴木貫太郎（すずきかんたろう）〈1868～1948〉
4月に鈴木内閣が発足。鈴木は日本の無条件降伏を求める連合国側のポツダム宣言受諾へ昭和天皇の「ご聖断」を仰ぐまでの大任を果たし、海軍大臣の米内光政は本土決戦を主張する陸軍を押さえ、鈴木内閣を支えて3年9ヶ月余の太平洋戦争に終止符を打った。

【問題 2】 東久邇宮稔彦（ひがしくにのみやなるひこ）〈1887～1990〉
戦後最初の総理大臣で史上唯一、皇族が首相となった内閣。「全国民総懺悔をすることが、わが国再建の第一歩であり、わが国内団結の第一歩であると信じる」と「一億総ざんげ」を呼びかけて国民の不評を買った。在任期間は史上最短の54日。

【問題 3】 ダグラス・マッカーサー〈1880～1964〉
8月30日、連合国軍最高司令官ダグラス・マッカーサーが神奈川県厚木基地に到着。日本占領の第一歩を印した。コーンパイプとサングラスが日本人に強い印象を与え、「青い目の大君」と呼ばれた。

【問題 4】 重光葵（しげみつまもる）〈1887～1957〉
東京湾に浮かぶ米戦艦ミズーリで降伏文書調印式が行われ、日本政府を代表したのが東久邇宮内閣の外相、重光葵と梅津美治郎陸軍参謀総長だった。

【問題 5】 幣原喜重郎（しではらきじゅうろう）〈1872～1951〉
東久邇内閣の後継首相。当時は政治家を引退していて、本人は首相に指名されたことを嫌がっていたが、昭和天皇じきじきの説得などもあり政界に返り咲いた。1951年（昭和26年）、衆議院議長在任中に78歳で死去。

【問題 6】 三船久蔵（みふねきゅうぞう）〈1883～1965〉
身長159センチ体重55キロの小柄な体型で、三船しか繰り出すことができないと言われている「空気投げ」という神技をあみ出し、最高位の十段に昇進。この後、講道館は十段を廃止、三船は最後の十段となった。

【問題 7】 阪東妻三郎（ばんどうつまさぶろう）〈1901～1953〉
「阪妻（バンツマ）」の愛称で、剣戟（けんげき）王として映画界に君臨。チャンバラ映画禁止令の中、戦後初の時代劇「狐の呉れた赤ん坊」が阪東妻三郎主演で封切られた。

【問題 8】 杉村春子（すぎむらはるこ）〈1906～1997〉
東京渋谷の東横映画劇場で「女の一生」を初演。杉村春子の当たり役となった。杉村は舞台のほかに、小津安二郎映画の名脇役として活躍した。

【問題 9】 並木路子（なみきみちこ）〈1921～2001〉
「リンゴの歌」は作詞・サトウハチロー、作曲・万丈目正。終戦後初の日本映画「そよかぜ」の主題歌。映画のヒットとともに話題を呼び、並木路子が明るく歌い、敗戦にうちひしがれた人々の心に広くしみわたった。

【問題 10】 丸山定夫（まるやまさだお）〈1901～1945〉
舞台演技で人気を博し「新劇の団十郎」といわれた。日本移動演劇連盟桜隊で広島を慰問巡演中に被爆死した。

昭和 21 年 (1946 年)

【問題1】 野坂参三 (のさかさんぞう) 〈1892～1993〉
東京の日比谷公園で開かれた「野坂参三歓迎会国民大会」での演説。文化人や労働者、約3万人が集まった。翌日の新聞の見出しになって、流行語に。

【問題2】 ジョセフ・キーナン 〈1888～1954〉
東京裁判の首席検察官として日本の戦争行為を〈文明に対する挑戦〉と糾弾。昭和天皇に関してはマッカーサーの意向を受け免責を実現した。

【問題3】 大下弘 (おおしたひろし) 〈1922～1979〉
当時はボールの質も悪く、ホームランもめったに出なかったが、セネタースの大下弘は青く塗ったバットで、それまでの最高記録10本を倍増させて、「赤バット」の川上哲治と人気を二分するプロ野球スター選手に。通算本塁打は201本。

【問題4】 山田五十鈴 (やまだいすず) 〈1917～2012〉
戦前から戦後にかけて活躍。1936（昭和11）年に溝口健二監督の「浪華悲歌」「祇園の姉妹」に出演、女優としての地位を確立。東宝へ移籍してからは、長谷川一夫との共演作に数多く出演し「名コンビ」といわれた。この年、東京有楽座で長谷川一夫と共演の「藤十郎の恋」などが上演され、娯楽に飢えていた人々が殺到した。

【問題5】 長谷川町子 (はせがわまちこ) 〈1920～1992〉
1992（平成4）年、死後、国民栄誉賞を受賞。その他の代表作に「いじわるばあさん」「エプロンおばさん」など。

【問題6】 坂口安吾 (さかぐちあんご) 〈1906～1955〉
「生きよ、堕ちよ」という叫びに、若者たちの間で大反響を起こした。

【問題7】 和田信賢 (わだのぶかた) 〈1912～1952〉
NHKアナウンサー。ラジオクイズ番組、NHK「話の泉」では、解答者が正解すると和田アナが「ご名答」といって、この言葉が流行した。大相撲の実況中継で人気を博した。「わだのぶたか（和田信賢）」だが、「わだしんけん」と呼ばれた。

【問題8】 ハンフリー・ボガード 〈1899～1957〉
米映画「カサブランカ」が上演。ハンフリー・ボガードは、この映画でハードボイルド・スターの地位を確立。主演女優はイングリッド・バーグマン、監督はマイケル・カーティス。1943年に第16回アカデミー作品賞受賞。

【問題9】 岡晴夫 (おかはるお) 〈1916～1970〉
鼻にかかった甘い歌声で「東京の花売娘」をはじめ、「啼くな小鳩よ」「憧れのハワイ航路」など、戦後数多くの大ヒットをとばした。戦後最大のスター歌手でありながら、地方巡業を優先し、紅白歌合戦には一度も出場しなかった。

【問題10】 田端義夫 (たばたよしお) 〈1919～2013〉
登場時の「オース！」という威勢のよいかけ声がトレードマーク。この年「かえり船」が大ヒットした。

答え 昭和21年（1946年）

昭和 22 年 (1947 年)

【問題 1】　片山哲（かたやまてつ）〈1887 ～ 1978〉
日本社会党は二・一スト後の総選挙で第一党となるが、過半数に満たず、日本民主党と国民協同党との連立内閣を組閣。

【問題 2】　山川菊栄（やまかわきくえ）〈1890 ～ 1980〉
1916（大正 5）年山川均と結婚。1918（大正 7）年母性保護論争では社会主義的立場から発言。1920（大正 9）年日本社会主義同盟に参加、1921（大正 10）年赤瀾会を結成。戦後の片山内閣のもとで労働省（新設直後）の初代婦人少年局長に就任。

【問題 3】　織田作之助（おださくのすけ）〈1913 ～ 1947〉
「土曜夫人」とは、住宅難のため夫婦二人きりになれないため、土曜から日曜日にかけ旅館などで夫婦生活を送る夫人のことをいう。

【問題 4】　石井桃子（いしいももこ）〈1907 ～ 2008〉
この作品で、1951（昭和 26）年に第一回芸術選奨文部大臣賞を受賞。

【問題 5】　古橋広之進（ふるはしひろのしん）〈1928 ～ 2009〉
全日本選手権水上競技大会の 400 メートル自由形で世界新記録を樹立。その後も、1949（昭和 24）年に全米水上選手権 1500、800、400 メートル自由形など、次々と世界新記録を樹立して日本中が沸いた。

【問題 6】　藤倉修一（ふじくらしゅういち）〈1914 ～ 2008〉
クイズ「二十の扉」は解答者と司会の藤倉修一アナの質疑応答形式で問題が進められ、解答者の質問に対して藤倉アナから返ってくる答えをヒントに 20 問以内に正解を出せばよいという方式。人気番組になった。

【問題 7】　三木鶏郎（みきとりろう）〈1914 ～ 1994〉
「日曜娯楽版」は政治や社会に対して鋭い毒もはらんだ風刺コントや軽やかな音楽で人気があったが、政治的圧力で打ち切りになった。番組は 7 年続いた。三木鶏郎は CM ソングの作詞、作曲などでも一世を風靡した。

【問題 8】　菊田一夫（きくたかずお）〈1908 ～ 1973〉
「鐘の鳴る丘」の主題歌「とんがり帽子」（作詞・菊田一夫、作曲・古関裕而、歌・川田正子、ゆりかご会）もヒットを記録。

【問題 9】　菊池章子（きくちあきこ）〈1924 ～ 2002〉
当初の題名は、歌詞の中にある「こんな女に誰がした」だったが、GHQ から日本人の反米感情を煽るおそれがあるとクレームがついて「星の流れに」になった。作詞・清水みのる、作曲・利根一郎。

【問題 10】　二葉あき子（ふたばあきこ）〈1915 ～ 2011〉
戦時中、淡谷のり子が吹き込んだ「夜のプラットホーム」は、戦後、二葉あき子が新たに吹き込み直したレコードが発売されて大ヒットした。作詞・奥野椰子、作曲・服部良一。

昭和23年（1948年）

【問題1】　芦田均（あしだひとし）〈1887～1959〉
総理退任後、芦田自身も「昭和電工事件」で逮捕されるが、裁判では無罪となった。

【問題2】　奥むめお（おくむめお）〈1895～1997〉
1947（昭和22）年第1回参議院議員通常選挙に国民協同党公認で全国区から出馬、抜群の知名度で当選。1965（昭和40）年まで3期18年務めた。

【問題3】　ウィンストン・チャーチル〈1874～1965〉
第二次世界大戦では首相として強力な指導力を発揮、連合国を勝利に導く。著書「第二次大戦回顧録」で1953（昭和28）年ノーベル文学賞を受賞。

【問題4】　川田順（かわだじゅん）〈1882～1966〉
川田が友人に送った詩の一節に「墓場に近き老いらくの恋は怖るる何ものもなし」と書いてあり、新聞が報じて有名に。

【問題5】　太宰治（だざいおさむ）〈1909～1948〉
玉川上水で2人の遺体が発見された6月19日を「桜桃忌」として今もいとなまれ、俳句の季語にもなっている。太宰の誕生日も6月19日である。

【問題6】　沢田美喜（さわだみき）〈1901～1980〉
三菱財閥の創始者・岩崎弥太郎の孫娘。財産税として物納されていた岩崎家大磯別邸を募金を集めて400万円で買い戻し、孤児のための孤児院として設立。2000人近くの混血孤児を育て上げた。

【問題7】　上村松園（うえむらしょうえん）〈1875～1949〉
鈴木松年の門に入り、のち幸野楳嶺、竹内栖鳳に師事。優雅な作風の美人画で知られる。

【問題8】　花森安治（はなもりやすじ）〈1911～1978〉
「暮しの手帖」の表紙画は、創刊号から1978（昭和53）年の死の直前に発行されたものまで、全て花森が手掛けた。

【問題9】　笠置シヅ子（かさぎシヅこ）〈1914～1985〉
「東京ブギウギ」の大ヒット以後も「ホームランブギ」「大阪ブギウギ」「買い物ブギ」など、一連のブギが大ヒット、「ブギの女王」といわれた。1957（昭和32）年ごろに歌手廃業を宣言、その後は女優に専念して、一切歌を歌わなかった。

【問題10】　吉田正（よしだただし）〈1921～1998〉
生涯作曲数は2400曲を越えるといわれる。1998（平成10）年の死後、国民栄誉賞受賞。

昭和 24 年 (1949 年)

【問題 1】　湯川秀樹（ゆかわひでき）〈1907〜1981〉
物理学者。1934（昭和 9）年に原子核をつくっている素粒子に中間子があることを予言し、後にそれが証明され、世界中から注目される。

【問題 2】　下山定則（しもやまさだのり）〈1901〜1949〉
下山事件と呼ばれる。当時、国鉄は大量人員整理を発表、労働組合が反対闘争を組もうとした矢先で、左翼勢力による他殺説が噂された。この年に起きた三鷹事件・松川事件とともに労働運動に大きな打撃になった。下山事件は他殺説・自殺説ともに決め手のないまま迷宮入りに。

【問題 3】　毛沢東（もうたくとう）〈1893〜1976〉
国家主席・党中央委員会主席に就任、新中国の建設を指導。1966（昭和 41）年、文化大革命を起こした。

【問題 4】　原節子（はらせつこ）〈1920〜〉
日本映画を代表する女優のひとり。この年、初めて小津安二郎の作品「晩春」に出演。1963（昭和 38）年小津安二郎監督が死去、通夜に出席したのを最後に女優を引退。代表作に「青い山脈」「東京物語」「秋日和」など。

【問題 5】　前田山英五郎（まえだやまえいごろう）〈1914〜1971〉
相撲協会は「横綱が場所をサボって野球見物」という不謹慎を理由に引退勧告。引退後は高砂部屋を引き継ぎ、初の外国人力士の高見山を育てるなど、大相撲の国際化にも貢献。

【問題 6】　藤村富美男（ふじむらふみお）〈1916〜1992〉
この年の成績は 187 安打、46 本塁打、142 打点という驚異的な記録を残し、チームが 6 位だったが、MVP に輝いた。

【問題 7】　美空ひばり（みそらひばり）〈1937〜1989〉
「東京キッド」「リンゴ追分」「港町十三番地」「悲しい酒」「真赤な太陽」などなど、数多くのヒット曲を出し「歌謡界の女王」と呼ばれる。1989（平成元）年、死後、女性として初めてとなる国民栄誉賞受賞。

【問題 8】　奈良光枝（ならみつえ）〈1923〜1977〉
美貌の歌手といわれ、「悲しき竹笛」「赤い靴のタンゴ」など、数多くのヒット曲を放った。

【問題 9】　内海突破（うつみとっぱ）〈1915〜1968〉
生放送中セリフに詰まり、とっさに出た「ギョギョッ」が思わぬ笑いを誘って流行語に。

【問題 10】　伴淳三郎（ばんじゅんざぶろう）〈1908〜1981〉
浅草の軽演劇に出演中、セリフを忘れて思わずこういったところから、流行語に。「あれ、まあ」と驚いた時に使う。

昭和 25 年 (1950 年)

【問題 1】 徳田球一 (とくだきゅういち) 〈1894 ～ 1953〉
この年、ソビエト連邦のシベリア抑留から帰還した引揚者の一部が、自分たちの帰国が遅れたのは日本共産党書記長・徳田球一の要請によるものと主張した「徳田要請問題事件」が話題に。3月～4月にかけ、衆参の各委員会で当事者が証人喚問され、証言者が遺書を残して証言翌日に自殺したことで話題になった。

【問題 2】 南原繁 (なんばらしげる) 〈1889 ～ 1974〉
国際社会への復帰を目指す日本は、講和条約締結を急いでいて、全面講和か単独講和かで二分していた。南原は各地で全面講和の必要性を訴えていた政治学者。貴族院議員も務めた。著書に「国家と宗教」「フィヒテの政治哲学」などがある。

【問題 3】 山本富士子 (やまもとふじこ) 〈1931 ～〉
読売新聞社、中部日本新聞社、西日本新聞社が主催した「ミス日本」コンテストには、700人近い応募があったその中から選ばれた。

【問題 4】 伊藤整 (いとうせい) 〈1905 ～ 1969〉
ローレンスの「チャタレイ夫人の恋人」を翻訳わいせつ文書頒布の容疑で起訴され、チャタレイ裁判を戦ったが、1957 (昭和 32) 年、最高裁は訳者、発行人、共に有罪とした。

【問題 5】 獅子文六 (ししぶんろく) 〈1893 ～ 1969〉
「自由学校」は朝日新聞に 1950 年 5 月 26 日～ 12 月 11 日に連載された。その後、映画、ドラマ化された。

【問題 6】 別当薫 (べっとうかおる) 〈1920 ～ 1999〉
阪神で活躍していたが、パ・リーグの毎日に引き抜かれ移籍。この年、打率 .335、43 本塁打、105 打点を記録して本塁打王、打点王を獲得、パ・リーグ初代 MVP に輝いた。第一回の日本シリーズでも打率 .500、3 打点と活躍、日本シリーズ初代 MVP に。

【問題 7】 藤本英雄 (ふじもとひでお) 〈1918 ～ 1997〉
青森野球場、対西日本パイレーツ戦で完全試合を達成。この試合の先発は多田文久三を予定していたが、多田が食あたりで腹を壊したため藤本が急遽先発になった。当日、報道カメラマンはいなかったため、この大記録の写真は残っていない。

【問題 8】 三木のり平 (みきのりへい) 〈1924 ～ 1999〉
この年、桃屋が瓶詰めの海苔の佃煮「江戸むらさき」を発売。新聞に「江戸むらさき」のおいしさを有名人が語るシリーズ広告をはじめ、1953 (昭和 28) 年に喜劇俳優の三木のり平自筆の似顔絵を使った新聞広告が話題となる。1958 (昭和 33) 年のり平をモチーフとしたアニメ CM が放送され、1998 (平成 10) 年まで 40 年間親しまれた。

【問題 9】 池真理子 (いけまりこ) 〈1917 ～ 2000〉
デビュー曲「愛のスウィング」が大ヒット、「スウィングの女王」と呼ばれ、洋楽または洋楽調の曲でヒットを出した。

【問題 10】 三遊亭歌笑 (さんゆうていかしょう) 〈1916 ～ 1950〉
この年、東京・銀座通りで米兵のジープにひかれて即死。相手が占領軍の兵士とあって、ひき逃げ犯人もうやむやのまま、事故の報道も小さく扱われた。1947 (昭和 22) 年に真打ち。自作の新作落語で人気、得意ネタは、七・五調で演じる「歌笑純情詩集」。

答え 昭和 25 年 (1950 年)

昭和 26 年 (1951 年)

【問題 1】　吉田茂（よしだしげる）〈1878〜1967〉
この年、サンフランシスコ講和条約、安保条約に調印。吉田ドクトリンにより占領から講和・独立までの戦後日本復興の枠組みを作った。内閣総理大臣に歴代最多の 5 回指名された。

【問題 2】　藤山愛一郎（ふじやまあいいちろう）〈1897〜1985〉
この年、日本航空会長、東商会頭、日商会頭となって長い間財界のトップの座に君臨。1957（昭和 32）年岸信介首相の強い要請を受け外相に就任。1958（昭和 33）年の総選挙で当選、政界に入った。

【問題 3】　ハリー・トルーマン〈1884〜1972〉
朝鮮戦争をめぐる「中国本土攻撃も辞せず」の声明が解任の原因と言われた。マッカーサーは、帰国後の議会演説で「老兵は死なずただ消え去るのみ」と語った。

【問題 4】　比嘉和子（ひかかずこ）〈1924〜1974〉
アナタハン島で 7 年間敗戦を知らずにいた日本人 20 人が帰国。その中に 1 人の女性が含まれており、「アナタハンの女王」と話題に。この年、帰国するとマスコミに騒がれて、映画や芝居にもなった。

【問題 5】　黒沢明（くろさわあきら）〈1910〜1998〉
日本映画界の巨匠。1950 年「羅生門」でベネチア国際映画祭金獅子賞、1980 年「影武者」はカンヌ国際映画祭でグランプリを受賞。「世界のクロサワ」と呼ばれた。

【問題 6】　高峰秀子（たかみねひでこ）〈1924〜2010〉
日本を代表する女優。デコちゃんの愛称で親しまれ、「二十四の瞳」「喜びも悲しみも幾年月」など、数多くの名作に出演。

【問題 7】　田中茂樹（たなかしげき）〈1931〜〉
タイムは当時歴代 3 位の記録、2 時間 27 分 45 秒で優勝。田中は原爆被災地・広島出身のため「アトム・ボーイ（原爆少年）」と呼ばれて喝采を浴びた。

【問題 8】　ジプシー・ローズ〈1934 年又は 1935〜1967〉
日本人離れしたエキゾチックな容姿と、大胆なダンステクニックを披露し、人気を博した。

【問題 9】　越路吹雪（こしじふぶき）〈1924〜1980〉
この年、東京帝国劇場での「宝塚カーニバル」を最後に宝塚を退団、歌手に転身。「日本のシャンソンの女王」と呼ばれ、代表曲に「愛の讃歌」「ラストダンスは私に」「サン・トワ・マミー」「ろくでなし」などがある。愛称の「コーちゃん」は旧姓の河野から。

【問題 10】　暁テル子（あかつきてるこ）〈1921〜1962〉
「ミネソタの卵売り」は作詞・佐伯孝夫、作曲・利根一郎。暁テル子はテリーの愛称で親しまれ、歌手、女優として活躍。同年発売の「東京シューシャイン・ボーイ」とともに自身の代表曲になった。

答え　昭和26年（1951年）

昭和 27 年 (1952 年)

【問題 1】 手塚治虫（てづかおさむ）〈1928 ～ 1989〉
漫画雑誌「少年」に「鉄腕アトム」が登場。以後、16 年にわたって同雑誌で活躍、1963（昭和 38）年にはテレビアニメとして初めて制作されて登場。不動の人気に。

【問題 2】 ヴィヴィアン・リー〈1913 ～ 1967〉
イギリスの女優。代表作の「風と共に去りぬ」は作品賞をはじめ 10 部門でアカデミー賞を受賞。ヴィヴィアン・リーは主演女優賞を受賞した。

【問題 3】 石井庄八（いしいしょうはち）〈1926 ～ 1980〉
戦後初の日本人オリンピック金メダリスト。ヘルシンキ・オリンピックで金メダルを獲得したのは石井選手だけ。

【問題 4】 エミール・ザトペック〈1922 ～ 2000〉
体をゆさぶりながら激しい息使いで走る様子から「人間機関車」の愛称で呼ばれた。前大会のロンドン五輪では男子 10000m で金メダル、男子 5000m で銀メダルを獲得している。

【問題 5】 白井義男（しらいよしお）〈1923 ～ 2003〉
世界フライ級選手権でアメリカのダド・マリノに判定勝ち。1954（昭和 29）年パスカル・ペレスに敗れるまで 4 回王座防衛。

【問題 6】 岸恵子（きしけいこ）〈1932 ～〉
映画で真知子役を演じた岸恵子が頭から首に巻いたストールが「真知子巻き」と呼ばれて流行。「君の名は」のラジオ放送時間は銭湯の女湯が空になると言われたほどの人気だった。

【問題 7】 舟橋聖一（ふなはしせいいち）〈1904 ～ 1976〉
小説「白い魔魚」では、他に「最低ネ、最高ネ」という言葉も流行らせた。

【問題 8】 壷井栄（つぼいさかえ）〈1899 ～ 1967〉
「二十四の瞳」は、1954（昭和 29）年、木下惠介監督・高峰秀子主演で映画化。小豆島の名を全国に広めた。

【問題 9】 津村謙（つむらけん）〈1923 ～ 1961〉
「上海帰りのリル」が大ヒットで「霧の港のリル」「私がリルよ」など、歌謡界に「リル」旋風が巻き起こった。この年、同名の映画が公開。津村は声楽家を思わせる美しい声を持ち、「ビロードの歌声」のニックネームで呼ばれた。

【問題 10】 江利チエミ（えりチエミ）〈1937 ～ 1982〉
NHK の紅白歌合戦では美空ひばりより先に出場を果たした。映画、舞台、テレビで活躍、映画の「サザエさん」が当たり役に。

答え 昭和 27 年（1952 年）

昭和 28 年 (1953 年)

【問題 1】　西村栄一（にしむらえいいち）〈1904～1971〉
吉田首相が西村議員に対し「バカヤロー」と暴言を吐いたことがきっかけで衆議院が解散されたため「バカヤロー解散」と呼ばれるが、吉田首相が席に着いたときに小さな声で「ばかやろう」つぶやいたのを偶然マイクで拾って騒ぎが大きくなった。

【問題 2】　正力松太郎（しょうりきまつたろう）〈1885～1969〉
テレビ時代を予見した先駆者。読売新聞社長となり、「プロ野球の父」「テレビ放送の父」「原子力発電の父」と呼ばれた。

【問題 3】　アンネ・フランク〈1929～1945〉
第二次世界大戦中のオランダでナチスのユダヤ人狩りを避けて屋根裏部屋に暮らすユダヤ人の少女アンネ・フランクが、十三歳の誕生日から、ナチスに捕まるまでの二年間を書き綴った日記。

【問題 4】　伊東絹子（いとうきぬこ）〈1932～〉
伊東絹子の体型が八頭身だったことから、「八頭身」は女性の憧れのスタイルになった。

【問題 5】　山田敬蔵（やまだけいぞう）〈1927～〉
記録は 2 時間 18 分 51 秒。当時の活躍は、「心臓破りの丘」という題名で翌年に映画化された。

【問題 6】　中西太（なかにしふとし）〈1933～〉
三原脩監督のもと、稲尾和久、豊田泰光らとともに西鉄黄金時代を築いた。本塁打王 5 回、首位打者 2 回、打点王 3 回獲得。

【問題 7】　トニー谷（トニーたに）〈1917～1987〉
そろばんを片手に持ち楽器がわりにかき鳴らしながら、軽妙な話術と独特な話し方で一世を風靡。他にも「バッカじゃなかろか」「お下劣ね」「おさいなら」「レディース・アンド・ジェントルメン・アンド・おとっつあんアンドおかっつあん」「マイ・ネーム・イズ・私自身マイセルフ」など、いろいろな「トニーグリッシュ」を作り出した。

【問題 8】　花菱アチャコ（はなびしあちゃこ）〈1897～1974〉
花菱アチャコ扮する阿茶太郎が放った言葉で、そのほかにも「えらいことになりにけり」「わたし、どうしましょう」など色々な流行語がこの番組から生まれた。

【問題 9】　小川宏（おがわひろし）〈1926 年～〉
「ジェスチャー」は柳家金語楼率いる白組と水の江瀧子率いる紅組に分かれ、視聴者が応募した問題を解答者がジェスチャーのみで表現し、時間内に当てるというクイズ番組。約 15 年続いた長寿番組で、10 年にわたり司会を務めた小川宏も圧倒的な知名度を獲得。

【問題 10】　鶴田浩二（つるたこうじ）〈1924～1987〉
昭和を代表する映画スター。独特の歌唱法で「傷だらけの人生」「赤と黒のブルース」など、歌手としても多くのヒット曲がある。

昭和29年(1954年)

【問題1】　鳩山一郎 (はとやまいちろう) 〈1883〜1959〉
1951（昭和26）年、公職追放解除を目前に倒れ、「悲劇の人」と呼ばれたが、この年、念願の総理大臣に就任。翌年、自由民主党初代総裁に就任。

【問題2】　円谷英二 (つぶらやえいじ) 〈1901〜1970〉
独自に作り出した技術で特撮映画界に多大な功績を残す。「ウルトラQ」「ウルトラマン」など、テレビ作品も多く手がけた。

【問題3】　力道山 (りきどうざん) 〈1924〜1963〉
NHKとNTVが初めてプロレスを中継。プロレス生中継を見ようと、街頭テレビに群がる群衆は、外人レスラーを「空手チョップ」で倒す力道山に熱狂、テレビが生んだ最初のスターだった。

【問題4】　栃錦清隆 (とちにしききよたか) 〈1925〜1990〉
この年、第44代横綱に昇進。左四つからの上手出し投げを得意とし、勝負をあきらめずしぶとかったことから「マムシ」の異名をもつ。初代若乃花と人気を二分、優勝回数はともに10回を記録。

【問題5】　杉下茂 (すぎしたしげる) 〈1925〜〉
この年、32勝で中日ドラゴンズの優勝に貢献。日本シリーズでも3勝し、西鉄を下し日本一に。通算215勝123敗, 防御率2.23。

【問題6】　小平邦彦 (こだいらくにひこ) 〈1915〜1997〉
20世紀を代表する数学者。のち1985（昭和60）年、イスラエルのウルフ財団よりウルフ賞数学部門も受賞。

【問題7】　マリリン・モンロー 〈1926〜1962〉
大リーガーのジョー・ディマジオと新婚旅行の途中、日本に立寄り、モンロー旋風が起こった。

【問題8】　オードリー・ヘプバーン 〈1929〜1993〉
「ローマの休日」でアカデミー最優秀主演女優賞を受賞。映画のヒットとともに日本の若い女性の間でヘプバーンをまねたボーイッシュな髪型が流行、「ヘプバーンカット」と呼んだ。

【問題9】　中村錦之助 (萬屋錦之介) (なかむらきんのすけ) (1972年から、よろずやきんのすけ) 〈1932〜1997〉
大映の市川雷蔵と共に、時代劇若手二大スターとして映画界で活躍。1971（昭和46）年萬屋錦之介に改めた。

【問題10】　春日八郎 (かすがはちろう) 〈1924〜1991〉
「お富さん」は作詞・山崎正、作曲・渡久地政信。当初はキングレコードの岡晴夫が歌う予定だったが、岡がコロムビアレコードに移籍したため、急遽、春日が歌うことになり、大ヒットを記録。春日八郎の出世作となった。

昭和の3人組クイズ

問題1 男性歌手の戦後三羽烏といえば？

田端義夫　岡晴夫　◯◯俊郎

問題2 鶯芸者三羽烏といえば？
◯丸　小唄勝太郎　赤坂小梅

問題3 元祖三人娘といえば？
美空ひばり　江利チエミ　◯◯いづみ

問題4 歌謡界の演歌三羽烏といえば？
村田英雄　三橋美智也　◯◯八郎

問題5 松竹三羽烏といえば？
上原謙　佐分利信　佐野◯◯

問題6 大学野球の法政三羽烏といえば？
山本浩二　◯◯幸一　富田勝

問題7 スパーク三人娘といえば？
伊東◯◯◯　中尾ミエ　園まり

問題8 お笑い三人組といえば？
三遊亭小金馬　一龍齋貞鳳　3代目江戸家◯◯

問題9 脱線トリオといえば？
由利徹　南利明　◯◯むと志

問題10 てんぷくトリオといえば？
三波伸介　戸塚睦夫　◯◯四朗

問題11 お笑いビッグ3といえば？
ビート◯◯◯　明石家さんま　タモリ

問題12 大相撲の花のサンパチトリオといえば
◯◯◯光司　北勝海信芳　小錦八十吉

問題13 プロボクシングの三羽烏といえば？
ファイティング原田　◯◯◯博幸　青木勝利

問題14 大学野球の立教三羽烏といえば？
◯◯茂雄　杉浦忠　本屋敷錦吾

問題15 元祖御三家といえば？
橋幸夫　舟木一夫　◯◯輝彦

【答え】 1：近江　2：市　3：雪村　4：春日　5：周二　6：田淵　7：ゆかり　8：猫八　9：八波　10：伊東　11：たけし　12：双羽黒　13：海老原　14：長嶋　15：西郷

昭和30年から昭和39年

東京オリンピック

昭和30年から昭和39年

年号	首相	出来事
昭和30 1955	鳩山一郎	❋砂川町でアメリカ軍基地拡張問題が起こる（砂川闘争）。❋広島で第一回原水爆禁止世界大会が開かれる，初のトランジスターラジオ発売。❋アジア・アフリカ会議が開かれる（バンドン会議）。❋GATTに加入する。❋日本社会党統一大会が開かれる。❋自由民主党統一大会が開かれる，2大政党の対立ができあがる。❋ワルシャワ条約機構ができる。❋原子力基本法が公布される。
昭和31 1956	石橋湛山	❋砂川基地で基地反対派と警官隊が衝突（砂川事件）。❋日ソ交渉妥結し，日ソ共同宣言が調印され、ソ連との国交が回復する。❋エジプトのナセル大統領がスエズ運河の国有化宣言。❋メルボルンオリンピック開催。❋ブダペストに集結したデモ隊に国家安全守備隊が発砲（ハンガリー事件）。❋国際連合総会が日本の加盟を全会一致で可決、承認する。
昭和32 1957	岸信介	❋石橋首相病気のため，岸外相が代理首相に。のち，岸内閣が成立。❋憲法調査会が開かれる。❋ローマ条約が調印、EEC成立が決まる。❋日本が国連安保非常任理事国に選出される。❋ソ連が人工衛星（スプートニク1号）の打ち上げに成功する。❋ガーナ共和国成立。
昭和33 1958		❋ヨーロッパ経済機構（EEC）発足。❋中国で人民公社運動が全国化する。❋関門トンネルの開通。❋日本貿易振興会（JETRO）設立。❋ドゴール内閣成立、フランス第5共和制に。❋警職法改悪反対国民会議結成，全国統一行動おこる。❋日本銀行が一万円札を発行。❋東京タワーが完成、一般公開も始まる。
昭和34 1959		❋キューバ革命がおきる，カストロが首相に就任。❋社会党訪中使節団団長浅沼稲次郎，米帝国主義は日中人民共通の敵と共同声明。❋安保阻止国民会議，第1次統一行動。❋伊勢湾台風で死者5000名以上。❋ハワイ、アメリカの50番目の州に昇格。❋皇太子明仁（現天皇）と正田美智子の結婚式。❋この年，いわゆる岩戸景気。

年号	首相	出来事
昭和35 1960	池田勇人	❀皇太子夫妻に長男誕生。❀衆議院本会議で日米新安全保障条約を単独採決。❀安保改定阻止国民運動が激化，580万人参加（安保闘争）。❀新安保条約が自然成立。❀岸内閣は退陣，池田内閣が成立する。❀ローマオリンピック大会開催。❀浅沼稲次郎社会党委員長が日比谷公会堂で講演中に右翼少年に刺殺。❀国民所得倍増計画決定（高度成長政策実施）
昭和36 1961		❀アメリカで民主党のケネディ大統領が就任。❀東ドイツが東西ベルリンの境界に壁を構築（ベルリンの壁）。❀農業基本法が成立。❀人類初の有人衛星、ソ連宇宙船ボストーク1号が、ユーリイ・ガガーリン飛行士を乗せ地球一周に成功。❀第一回非同盟諸国会議。
昭和37 1962		❀東京都の常住人口が1000万人を突破。❀憲法調査会，改憲の是非について初の公聴会。❀陸上自衛隊北海道島松演習場で恵庭事件おこる。❀キューバ危機が発生。❀アメリカが海上封鎖。❀アルジェリアの独立。❀戦後初の国産旅客機YS-11完成。
昭和38 1963		❀日本のGATT11条国への移行を通知。❀関西電力の黒部川第四発電所が完成（いわゆる黒四ダム）。❀米英ソで部分的核実権禁止条約に調印。❀老人福祉法の公布。❀アメリカの公民権運動が盛り上がりワシントン大行進。❀最高裁判所，松川事件に無罪判決。❀初の日米間テレビ中継。❀ケネディ米大統領がダラスで暗殺される。
昭和39 1964	佐藤栄作	❀日本，OECDに正式に加盟，IMF8条国に移行する。❀米国原子力潜水艦，佐世保に寄港する。❀パレスチナ解放機構（PLO）設立。❀東京オリンピック大会開催。❀東海道新幹線，東京～新大阪間が開業。❀池田首相が病気のため11月に辞任，佐藤内閣が成立。

昭和30年(1955)

【問題1】
保守合同、自由民主党を結成。保守合同の促進を提唱した民主党の長老議員は？

三木 ○○

【問題2】
1951（昭和26）年講和・安保条約の対応で左右両党に分裂した右派社会党と左派社会党が再統一。委員長に就任した議員は？

○○ 茂三郎

【問題3】
テレビ、冷蔵庫、洗濯機は「三種の神器」と呼ばれ、新しい家電製品を世に送り出して電化ブームを牽引した松下電器産業（現・パナソニック）の創立者は？

松下 ○○○

【問題4】
日本初の「トランジスターラジオ」を発売し、盛田昭夫とともに東京通信工業（現・ソニー）を創業した人は？

○○ 大

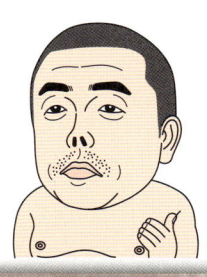

【問題5】
「裸の大将」の異名を持ち、「兵隊の位でいうと」が口癖の放浪の画家は？

山下 ○

【この年】砂川町でアメリカ軍基地拡張問題が起こる（砂川闘争）。広島で第一回原水爆禁止世界大会が開かれる、初のトランジスタラジオ発売。アジア・アフリカ会議が開かれる（バンドン会議）。

答えは92ページ

昭和 30 年 (1955)

【問題 6】
映画「夫婦善哉」で、蝶子役の淡路千景に向かって「頼りにしてまっせ」という柳吉役の俳優は？

森繁 ○○

【問題 7】
「エデンの東」「理由なき反抗」「ジャイアンツ」のわずか3作に主演、24歳の若さで事故死したアメリカ映画俳優は？

ジェームズ・○○○○

【問題 8】
NHKテレビのクイズ番組「私の秘密」で、番組冒頭に「事実は小説よりも奇なりと申しまして」の決まり文句を言う初代司会者は？

高橋 ○○

【問題 9】
大ヒット曲「月がとっても青いから」を歌った歌手は？

○○ 都々子

【問題 10】
大ヒット曲「この世の花」でデビューした歌手は？

○○ 千代子

【この年】GATTに加入する。日本社会党統一大会が開かれる。自由民主党統一大会が開かれる、2大政党の対立ができあがる。ワルシャワ条約機構ができる。原子力基本法が公布される。

答えは92ページ

昭和 31 年（1956）

【問題1】
鳩山退陣後に自民党総裁選に勝利、総理大臣に就任したが、病に倒れ三か月足らずで辞職した人物は？

石橋 ○○

【問題2】
「文藝春秋」2月号に発表した「もはや戦後ではない」というエッセイのタイトルが経済白書に取り上げられ、流行語に。このタイトルをつけた人物は？

○○ 好夫

【問題3】
ベネチア・ビエンナーレ版画部門でグランプリを獲得した板画家は？

○○ 志功

【問題4】
小説「太陽の季節」で芥川賞を受賞した作家は？

石原 ○○○

【問題5】
新聞小説「四十八歳の抵抗」から「抵抗族」が流行語に。この作者は？

○○ 達三

【この年】砂川基地で基地反対派と警官隊が衝突（砂川事件）。日ソ交渉妥結し、日ソ共同宣言が調印され、ソ連との国交が回復する。エジプトのナセル大統領がスエズ運河の国有化宣言。

答えは93ページ

昭和31年（1956）

【問題6】
新潮社が出版社初の週刊誌「週刊新潮」を創刊。表紙絵を担当した画家は？

◯◯ 六郎

【問題7】
コルティナダンペッツォ・オリンピックのスキー男子回転競技で、日本人初の冬季五輪メダリストになった選手は？

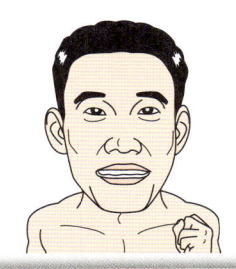

◯◯ 千春

【問題8】
メルボルンオリンピックの競泳200m平泳ぎで、得意の潜水で金メダルを獲得した日本人選手は？

◯◯ 勝

【問題9】
テレビ番組の低俗さを批判した言葉「一億総白痴化」という言葉を流行らせた評論家は？

◯◯ 壮一

【問題10】
大ヒット曲「りんご村から」「哀愁列車」など多数。「ミッチー」の愛称で知られる歌手は？

◯◯ 美智也

【この年】メルボルンオリンピック開催。ブダペストに集結したデモ隊に国家安全守備隊が発砲（ハンガリー事件）。国際連合総会が日本の加盟を全会一致で可決、承認する。

答えは93ページ

昭和32年（1957）

【問題1】
「タフガイ」と呼ばれた俳優は？

石原 ○○○

【問題2】
「主婦の店ダイエー」が開店。創業者は？

○○ 功

【問題3】
棋界で初めて名人、王将、九段の3タイトルを獲得した将棋棋士は？

○○ 幸三

【問題4】
推理小説「点と線」の作家は？

松本 ○○

【問題5】
小説「楢山節考」の作者は？

○○ 七郎

【この年】石橋首相病気のため、岸外相が代理首相に。のち、岸内閣が成立。憲法調査会が開かれる。ローマ条約が調印、EEC成立が決まる。

答えは94ページ

昭和32年（1957）

【問題6】
「サスペンスの神様」の異名をもつ映画監督は？

アルフレッド・○○○コック

【問題7】
テレビのCMソング、三共製薬「ルルの歌」が人気に。この歌を歌っていた童謡歌手は？

○久美子

【問題8】
「なんと申しましょうか」という口癖で人気の野球解説者は？

○○得郎

【問題9】
「カックン」という言葉を流行させたコメディアンは？

○○徹

【問題10】
大ヒット曲「有楽町で逢いましょう」を歌った歌手は？

○○○○永井

【この年】日本が国連安保非常任理事国に選出される。ソ連が人工衛星（スプートニク1号）の打ち上げに成功する。ガーナ共和国成立。

答えは94ページ

昭和 33 年 (1958)

【問題 1】
インスタントラーメンの第 1 号、日清食品が「チキンラーメン」を発売。開発者は？

安藤 ○○

【問題 2】
日本人初のアカデミー助演女優賞を受賞した女優は？

○○○○ 梅木

【問題 3】
「神様、仏様、○○様」。○○に入る西鉄ライオンズの投手は？

○○ 和久

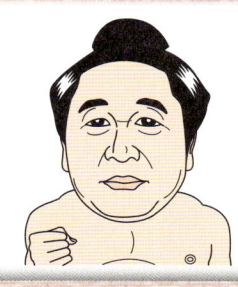

【問題 4】
「土俵の鬼」と呼ばれた大相撲の横綱力士は？

○○○ 幹士

【問題 5】
「サッカーの王様」と呼ばれたブラジルのサッカー選手は？

ペ○

【この年】ヨーロッパ経済機構（EEC）発足。ドゴール内閣成立、フランス第五共和制に。中国で人民公社運動が全国化する。関門トンネルの開通。日本貿易振興会（JETRO）設立。

答えは 95 ページ

昭和33年（1958）

【問題6】
「どうもすみません」「よし子さん」などのギャグで「爆笑王」と呼ばれた落語家は？

林家 ○○

【問題7】
日本初の音楽バラエティ番組「光子の窓」が放送開始。司会の女優は？

○○ 光子

【問題8】
TBSテレビの前身、ラジオ東京テレビ（KRT）「私は貝になりたい」で主役を演じた俳優は？

フランキー ○

【問題9】
東京・日劇で第一回ウエスタン・カーニバル開催。「星は何でも知っている」を大ヒットさせ、ロカビリー旋風を巻き起こした歌手は？

○○ 昌晃

【問題10】
「蟻の町のマリア」と呼ばれた福祉活動家は？

○○ 怜子

【この年】警職法改悪反対国民会議結成、全国統一行動おこる。日本銀行が一万円札を発行。東京タワーが完成、一般公開も始まる。

答えは95ページ

昭和 34 年（1959）

【問題1】
ソ連の首相としては史上初めて米国を訪問したのは？

ニキータ・○○○チョフ

【問題2】
ブザンソン国際青年指揮者コンクールで優勝した日本人指揮者は？

○○征爾

【問題3】
ミス・ユニバースコンテストで、世界1位に選出された日本人は？

○○明子

【問題4】
婚約直前の20歳の誕生日の記者会見で「私が選んだ人を見てください」と発言した昭和天皇の第5皇女は？

島津○○

【問題5】
プロ野球日本シリーズで、南海が巨人に4連勝で下し初優勝。4連投4連勝の活躍で日本一に導いた投手は？

○○忠

【この年】キューバ革命がおきる、カストロが首相に就任。社会党訪中使節団団長浅沼稲次郎、米帝国主義は日中人民共通の敵と共同声明。

答えは96ページ

80

昭和 34 年 (1959)

【問題 6】
「タフガイ」と呼ばれたのは石原裕次郎。
「マイトガイ」の愛称で知られる俳優、歌手は？

小林 ◯

【問題 7】
NET（現・テレビ朝日）「デン助劇場」が放送開始。
デン助を演じたコメディアンは？

◯◯ 敏充

【問題 8】
松竹新喜劇「天外の親バカ子バカ」でアホ役で人気になった芸人は？

藤山 ◯◯

【問題 9】
「黒い花びら」が第1回日本レコード大賞受賞。
この曲を歌った歌手は？

◯◯ 弘

【問題 10】
書家として世にでたが、美食研究のため陶芸を手掛けた人物は？

北大路 ◯◯◯

【この年】安保阻止国民会議、第一次統一行動。伊勢湾台風で死者5000名以上。皇太子明仁（現天皇）と正田美智子の結婚式。この年いわゆる、岩戸景気。ハワイ、アメリカの50番目の州に昇格。

答えは96ページ

昭和 35 年 (1960)

【問題1】
日米安全保障条約の改定を行った総理大臣は誰？

○ 信介

【問題2】
高度経済成長政策や所得倍増計画を推進した総理大臣は？

池田 ○○

【問題3】
日比谷公会堂で開催された立ち会い演説会で、17歳の右翼少年に刺殺された社会党委員長は？

○○ 稲次郎

【問題4】
第一次池田内閣で初の女性大臣になったのは？

○○ マサ

【問題5】
ローマオリンピックの男子マラソンで、裸足で走って世界記録で優勝、「裸足の英雄」と呼ばれたエチオピアの選手は？

○○○・ビキラ

【この年】皇太子夫妻に長男誕生。衆議院本会議で日米新安全保障条約を単独採決。安保改定阻止国民運動が激化、580万人参加（安保闘争）。新安保条約が自然成立。

答えは97ページ

昭和 35 年（1960）

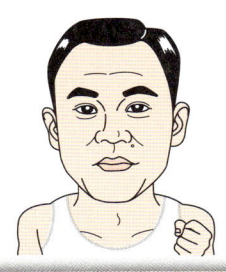

【問題6】
ローマオリンピックの体操競技で、男子鉄棒、男子跳馬、男子団体総合で3つの金メダルを獲得、「鬼に金棒、小野に鉄棒」と呼ばれた選手は？

小野 ○○

【問題7】
プロ野球、大洋ホエールズが前年の最下位から奇跡の優勝。「魔術師」と呼ばれた大洋ホエールズの監督は？

○○ 脩

【問題8】
映画「嵐を呼ぶ男」などで共演、石原裕次郎と結婚した女優は？

北原 ○○

【問題9】
デビュー曲「潮来笠」を歌った歌手は？

橋 ○○

【問題10】
大ヒット曲「アカシアの雨がやむとき」を歌った歌手は？

○○ 佐知子

【この年】岸内閣は退陣、池田内閣が成立する。ローマオリンピック大会開催。社会党委員長が日比谷公会堂で講演中に右翼少年に刺殺国民所得倍増計画決定（高度成長政策実施）。

答えは97ページ

昭和36年 (1961)

【この年】アメリカで民主党のケネディ大統領が就任。東ドイツが東西ベルリンの境界に壁を構築（ベルリンの壁）。農業基本法が成立。

答えは98ページ

【問題1】
人類初の宇宙飛行士となったソ連の少佐が帰還後に「地球は青かった」と発言。この少佐は？

ユーリー・○○○リン

【問題2】
「日本生まれのアメリカ大使」として人気を博した駐日アメリカ大使は？

エドウィン・○○シャワー

【問題3】
三島由紀夫の小説「宴のあと」のモデルとされた元外相は？

○○八郎

【問題4】
イギリスのマン島のオートバイレースで圧勝、本田技研チームの社長は？

本田 ○○○

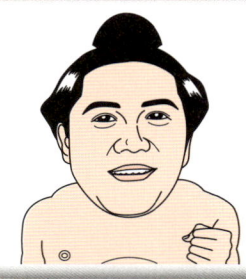

【問題5】
子供たちの好きなものを表わした言葉。「巨人、○○、卵焼き」。○○に入る大相撲力士は？

○○幸喜

84

昭和36年 (1961)

【問題6】
プロ野球の中日ドラゴンズの新人投手が、69試合に登板し新人最多の35勝を記録。この投手は？

◯◯ 博

【問題7】
黒澤明監督の映画「用心棒」でベネチア国際映画祭の最優秀男優賞を受賞した俳優は？

◯◯ 敏郎

【問題8】
大ヒット曲「東京ドドンパ娘」を歌った歌手は？

◯◯ マリ

【問題9】
大ヒット曲「上を向いて歩こう」を歌った歌手は？

坂本 ◯

【問題10】
「トニー」の愛称で親しまれた日活の人気俳優は？

赤木 ◯◯◯

【この年】人類初の有人衛星、ソ連宇宙船ボストーク1号が、地球一周に成功。第一回非同盟諸国会議開催。

答えは98ページ

昭和 37 年 (1962)

【問題1】
NHKテレビ番組「私の秘密」のレギュラー出演者が参議院選挙に出馬して全国区トップ当選。タレント議員の第1号といわれたこの人物は？

〇〇 **あき**

【問題2】
アメリカとソ連が核戦争の瀬戸際までいって立ち止まったキューバ危機。キューバの指導者は？

フィデル・〇〇〇〇

【問題3】
小型ヨットで太平洋単独横断に成功した人物は？

〇〇 **謙一**

【問題4】
長編小説「砂の女」の作者は？

安部 〇〇

【問題5】
プロ野球、奪三振3509の世界記録を達成した選手は？

〇〇 **正一**

【この年】憲法調査会、改憲の是非について初の公聴会。陸上自衛隊北海道島松演習場で恵庭事件おこる。キューバ危機が発生。アメリカが海上封鎖。答えは99ページ

昭和 37 年（1962）

【問題 6】
映画「座頭市物語」で、主演の座頭市役を演じた俳優は？

◯ 新太郎

【問題 7】
「お呼びでない」のギャグで知られ、「無責任男」と呼ばれたコメディアンは？

◯◯ 等

【問題 8】
朝日放送・TBS系列のバラエティー番組「てなもんや三度笠」で、主演のあんかけの時次郎役を演じたタレントは？

藤田 ◯◯◯

【問題 9】
ファンの間で「サユリスト」と呼ばれる女優は？

吉永 ◯◯◯

【問題 10】
大ヒット曲「王将」を歌った歌手は？

◯◯ 英雄

[この年] アルジェリアの独立。

答えは99ページ

昭和38年（1963）

【問題1】 
初の日米テレビ宇宙中継で、米大統領の暗殺事件が発生、ショッキングな映像が流された。暗殺された大統領は？

ジョン・F・○○ディ

【問題2】 
飛行中に「私はカモメ」の言葉を残した世界初の女性宇宙飛行士は？

ワレンチ・○○○コワ

【問題3】 
ワシントン大行進で「私には夢がある」と演説した人物は？

○○○牧師

【問題4】 
将棋名人在位通算10期、連続5期2回の新記録を達成した棋士は？

○○正晴

【問題5】 
写真集「古寺巡礼」第一集を刊行した写真家は？

○○拳

【この年】日本のGATT11条国への移行を通知。関西電力の黒部川第四発電所が完成。米英ソで部分的核実権禁止条約に調印。老人福祉法の公布。

答えは100ページ

昭和38年（1963）

【問題6】
大映映画「眠狂四郎」シリーズで主演の俳優は？

市川 ○○

【問題7】
ギャグ漫画「おそ松くん」で「シェー」というギャグを流行らせた漫画家は？

○○ 不二夫

【問題8】
「ガチョ〜ン」のギャグを流行らせたコメディアンは？

○ 啓

【問題9】
大ヒット曲「高校三年生」を歌った歌手は？

○○ 一夫

【問題10】
大ヒット曲「こんにちは赤ちゃん」を歌った歌手は？

梓 ○○○

【この年】アメリカの公民権運動が盛り上がりワシントン大行進。最高裁判所、松川事件に無罪判決。初の日米間テレビ中継。アメリカ大統領がダラスで暗殺される。答えは100ページ

昭和 39 年 (1964)

【問題1】
「政界の団十郎」と呼ばれ、7年8か月の長期政権だった総理大臣は？

佐藤 ○○

【問題2】
ノーベル文学賞の受賞を拒否したフランスの作家は？

ジャン=ポール・○○○○

【問題3】
東大の卒業式で「太った豚より痩せたソクラテスになれ」と告辞したと報じられた東大総長は？

○○○ 一男

【問題4】
本のタイトル「おれについてこい」が流行語に。この本を書いた女子バレーボール監督は？

○○ 博文

【問題5】
東京オリンピックのマラソンで、銅メダルを獲得した選手は？

円谷 ○○

【この年】日本、OECDに正式に加盟、IMF8条国に移行する。米国原子力潜水艦、佐世保に寄港する。パレスチナ解放機構（PLO）設立。

答えは101ページ

昭和 39 年 (1964)

【問題 6】
東京オリンピックの男子体操競技で、日本初の個人総合優勝を決めた選手は？

○○ 幸雄

【問題 7】
ベストセラー小説「氷点」の作者は？

○○ 綾子

【問題 8】
アイビールックを流行らせたデザイナーは？

○○ 謙介

【問題 9】
ライオン歯磨の「デンター」のCMで「リンゴをかじると歯茎から血がでませんか？」のフレーズを言った俳優は？

○○ 豊士

【問題 10】
「君だけを」でデビューした歌手は？

西郷 ○○

【この年】東京オリンピック大会開かれる。東海道新幹線、東京〜新大阪間が開業。池田首相が病気のため11月に辞任、佐藤内閣が成立。

答えは101ページ

昭和 30 年 (1955 年)

答え 昭和30年（1955年）

【問題 1】　**三木武吉**（みきぶきち）〈1884 〜 1956〉
初代自民党の党首は盟友の鳩山一郎だった。この年、保守合同と社会党統一がなされ、「55年体制」とよばれた。保守合同を影で支えた政界のドン。

【問題 2】　**鈴木茂三郎**（すずきもさぶろう）〈1893 〜 1970〉
書記長には「人間機関車」の異名を持つ浅沼稲次郎が選出された。

【問題 3】　**松下幸之助**（まつしたこうのすけ）〈1894 〜 1989〉
松下電器産業（パナソニック）を一代で築き上げ「経営の神様」と呼ばれる。PHP 研究所、松下政経塾を設立。

【問題 4】　**井深大**（いぶかまさる）〈1908 〜 1997〉
トランジスタラジオ、ウォークマンなど、多くの革新的な商品を産み、日本を代表する世界的企業になった。

【問題 5】　**山下清**（やましたきよし）〈1922 〜 1971〉
「週刊朝日」の徳川夢声との対談で「兵隊の位でいうと」を頻繁に使用、流行語になった。

【問題 6】　**森繁久彌**（もりしげひさや）〈1913 〜 2009〉
昭和・平成を代表する俳優。映画・舞台・テレビのほか、アニメの声優、歌手もこなした。「夫婦善哉」で森繁の演じた柳吉は頼りないボンボンで、男の弱さを表す言葉として流行語化した。「夫婦善哉」は織田作之助の出世作として知られる。監督は豊田四郎。

【問題 7】　**ジェームズ・ディーン**〈1931 〜 1955〉
カリフォルニア州で愛用のポルシェ・スピードスターを運転中、事故死。死後、反逆のシンボルとして偶像化された。ジミーの愛称で親しまれた。

【問題 8】　**高橋圭三**（たかはしけいぞう）〈1918 〜 2002〉
元 NHK アナウンサーで、日本初のフリーアナウンサーとなる。「NHK 紅白歌合戦（NHK）」「新春かくし芸大会（フジテレビ）」「輝く！日本レコード大賞（TBS）」など、大型番組の司会を担当。「どうも、どうも」という口癖で人気があった。

【問題 9】　**菅原都々子**（すがわらつづこ）〈1927 〜 〉
この曲は作詞・清水みのる、作曲・陸奥明。ビブラートをきかせた歌い方が菅原都々子の特徴。NHK 紅白歌合戦の歌唱者第 1 号（最初に歌った歌手）としても有名。

【問題 10】　**島倉千代子**（しまくらちよこ）〈1938 〜 2013〉
この曲は作詞・西條八十、作曲・万城目正。デビュー曲ながら 200 万枚を売り上げ、その後も「東京だよおっ母さん」「りんどう峠」「からたち日記」「愛のさざなみ」「人生いろいろ」など、数多くのヒット曲を出した。NHK 紅白歌合戦に通算 35 回出場。

昭和31年（1956年）

【問題1】　石橋湛山（いしばしたんざん）〈1884〜1973〉
自民党総裁選で、石井光次郎と2位・3位連合の奇策で岸信介を破り、総理大臣に就任した。首相の在職期間はわずか65日だった。

【問題2】　中野好夫（なかのよしお）〈1903〜1985〉
この名文句は評論家の中野好夫が考え、広めた人物は経済白書の筆者、後藤誉之助。

【問題3】　棟方志功（むなかたしこう）〈1903〜1975〉
少年時代にゴッホの絵画に感動し、「ゴッホになる」と芸術家を目指す。ベネチア・ビエンナーレには「湧然する女者達々」などを出品、日本人として版画部門で初の国際版画大賞を受賞した。

【問題4】　石原慎太郎（いしはらしんたろう）〈1932〜〉
「太陽の季節」は映画化され、「太陽族」が流行語になった。また、石原慎太郎の髪型は「慎太郎刈り」として流行した。

【問題5】　石川達三（いしかわたつぞう）〈1905〜1985〉
「抵抗族」とは、いたずらに過ぎて行く人生に抵抗しようと試みる中年の男性のことをいう。

【問題6】　谷内六郎（たにうちろくろう）〈1921〜1981〉
「週刊新潮」創刊号から亡くなるまでの25年間にわたり、描き続けた。画集に「遠い日のうた」「旅の絵本」など。

【問題7】　猪谷千春（いがやちはる）〈1931〜〉
日本人初の冬季五輪のメダルは銀メダルだった。金メダルはオーストリアのトニー・ザイラー。

【問題8】　古川勝（ふるかわまさる）〈1936〜1993〉
その後、国際水泳連盟はルール改正し、スタート直後とゴール前のひと掻きを除いて平泳ぎでの潜水を禁止したため、潜水泳法で優勝した選手は古川が最後となった。

【問題9】　大宅壮一（おおやそういち）〈1900〜1970〉
敗戦後、東久邇宮総理が発言した「一億総懺悔」をもじったもの。毒舌家としても知られ、乱立する地方国立大学を「駅弁大学」、接待の場として使われるゴルフ場を「緑の待合（料亭）」、そのほか「恐妻」など、造語の天才といわれた。

【問題10】　三橋美智也（みはしみちや）〈1930〜1996〉
民謡をベースにした張りのある美声で数多くのヒット曲を連発。とくに昭和30年代前半の人気は凄く「三橋で明けて三橋で暮れる」と言われたほど。感動を表す「シビれる」という言葉は三橋美智也のファンが初めて使ったといわれている。1983（昭和58）年には歌謡曲史上初となるレコード売り上げ枚数一億枚突破を記録。

昭和 32 年 (1957 年)

【問題1】 石原裕次郎（いしはらゆうじろう）〈1934～1987〉
前年、映画「太陽の季節」でデビュー。この年、主演映画「嵐を呼ぶ男」が爆発的な人気を呼び、日本を代表するトップスターに。歌手としても「俺は待ってるぜ」「夜霧よ今夜も有難う」など、数多くのヒット曲を出した。

【問題2】 中内功（なかうちいさお）〈1922～2005〉
この年、京阪電鉄千林駅前（大阪市旭区）にダイエーの一号店「主婦の店ダイエー」が開店。ショッピングセンターやゼネラルマーチャンダイズストアを日本で初めて導入。「流通の革命児」と呼ばれた。

【問題3】 升田幸三（ますだこうぞう）〈1918～1991〉
将棋の名人戦で、大山康晴を下し、王将戦・九段戦と合わせて史上初の三冠独占。升田時代を築いた。

【問題4】 松本清張（まつもとせいちょう）〈1909～1992〉
雑誌「旅」に連載した「点と線」で、社会派推理小説の新分野を開拓、清張ブームが起きた。この年、短編集「顔」で第10回日本探偵作家クラブ賞（現・日本推理作家協会賞）を受賞。

【問題5】 深沢七郎（ふかざわしちろう）〈1914～1987〉
「楢山節考」は深沢七郎のデビュー作。前年、雑誌「中央公論」11月号に掲載。この年、中央公論社より刊行されベストセラーに。

【問題6】 アルフレッド・ヒッチコック〈1899～1980〉
この年、日本テレビ放送網で「ヒッチコック劇場」が放送開始。また、ヒッチコック監督の映画「知りすぎた男」の主題歌で、ドリス・デイが歌ってヒットした「ケ・セラ・セラ」がそのまま流行語に。ちなみに「ケ・セラ・セラ」とは「なるようになるさ」という意味。日本ではペギー葉山が歌ってヒットした。

【問題7】 伴久美子（ばんくみこ）〈1942～1986〉
作詞・作曲は三木鶏郎。三共の一社提供番組「日真名氏飛び出す」（ラジオ東京テレビ）などで広く放送された。ルルの歴代CMタレントには由美かおる、伊東ゆかり、松坂慶子、大竹しのぶなども。

【問題8】 小西得郎（こにしとくろう）〈1896～1977〉
NHKのプロ野球解説者として活躍。「小西節」と呼ばれる独特の口調で人気を博した。テレビ中継初期の名解説者のひとり。

【問題9】 由利徹（ゆりとおる）〈1921～1999〉
軽い失望をあらわす言葉で、お笑いグループ・脱線トリオの由利徹が流行らせたギャグ。

【問題10】 フランク永井（フランクながい）〈1932～2008〉
作詞・佐伯孝夫、作曲・吉田正の「有楽町で逢いましょう」は、この年、東京・有楽町に進出した大阪のそごう百貨店の宣伝キャッチフレーズでもある。フランク永井は、この年「13,800円」という歌もヒットさせている。

答え 昭和32年（1957年）

昭和 33 年 (1958 年)

【問題 1】 安藤百福（あんどうももふく）〈1910 ～ 2007〉
日清食品創業者。1971（昭和 46）年には世界初のカップ麺「カップヌードル」を開発。当時は「魔法のラーメン」と呼ばれた。

【問題 2】 ナンシー梅木（ナンシーうめき）〈1929 ～ 2007〉
1957（昭和 32）年のハリウッド映画「サヨナラ」で、東洋人の俳優として初のアカデミー賞を受賞。

【問題 3】 稲尾和久（いなおかずひさ）〈1937 ～ 2007〉
この年のプロ野球日本シリーズで、西鉄ライオンズが巨人を相手に 3 連敗から 4 連勝で日本一に。このシリーズで、西鉄のエース・稲尾和久は、7 試合中 6 試合に登板。第 3 戦以降は 5 連投、うち 5 試合に先発し 4 完投した。「鉄腕」の異名をもつ。

【問題 4】 若乃花幹士（初代）（わかのはなかんじ）〈1928 ～ 2010〉
第 45 代横綱。ライバルの横綱・栃錦と数々の熱戦をくりひろげ、「栃・若時代」を築く。引退後は両者ともに日本相撲協会の理事長を務めた。

【問題 5】 ペレ 〈1940 ～〉
17 歳でワールドカップのブラジル代表チームの一員に選ばれ、4 試合で 6 ゴールを記録、ブラジル初優勝に貢献した。「サッカー史上最高の選手」と称される。「ペレ」は愛称で本名はエドソン・アランチス・ドゥ・ナシメント。

【問題 6】 林家三平（初代）（はやしやさんぺい）〈1925 ～ 1980〉
この年、真打ち昇進。テレビが生んだ最初のお笑い芸人。「よし子さん」「もう大変なんすから」など、数々のギャグで人気。

【問題 7】 草笛光子（くさぶえみつこ）〈1933 ～〉
歌ありコントありの本格的バラエティショー。窓から顔をのぞかせ番組のテーマ曲を歌うオープニングで有名。

【問題 8】 フランキー堺（フランキーさかい）〈1929 ～ 1996〉
理髪店を営む一兵士が上司の命令で米兵を殺し、C 級戦犯として処刑される物語。のちに国産テレビドラマの海外放映第 1 号に。

【問題 9】 平尾昌晃（ひらおまさあき）〈1937 ～〉
ミッキー・カーチス、山下敬二郎、とロカビリー旋風を巻き起こした。紙テープやパンティーまでもステージに飛び、失神者も続出したという。

【問題 10】 北原怜子（きたはらさとこ）〈1929 ～ 1958〉
東京・隅田川畔の下町で献身的な奉仕活動を行った。過労のため、この年の 1 月 23 日、28 歳の若さで死去。

答え　昭和 33 年（1958 年）

昭和 34 年 (1959 年)

【問題 1】　ニキータ・フルシチョフ〈1894～1971〉
平和共存外交・党内民主化を提唱、アメリカとの冷戦緩和に努めたが、その後、中ソ対立を招いて農業政策にも失敗し、1964（昭和 39）年に失脚。

【問題 2】　小澤征爾（おざわせいじ）〈1935～〉
翌年の 1960（昭和 35）年、米、独、の指揮者コンクールでも 1 位。2008（平成 20）年文化勲章受章。

【問題 3】　児島明子（こじまあきこ）〈1936～〉
アメリカ・ロングビーチで開催され、第 8 代「ミス・ユニバース」に輝く。アジア人として初めての優勝者でもあった。

【問題 4】　（清宮）島津貴子（しまづたかこ）〈1939～〉
この年の流行語になった。1960（昭和 35）年、学習院大学在学中にもと伯爵島津久範の次男、久永（日本輸出入銀行勤務）と結婚した。「おスタちゃん」の愛称で親しまれ、テレビレポーターもつとめた。

【問題 5】　杉浦忠（すぎうらただし）〈1935～2001〉
指を血で染めながら投げ抜き、日本シリーズの MVP を受賞した。この年の公式戦の成績も 38 勝してわずか 4 敗という驚異的な成績で南海のリーグ優勝に貢献し、シーズン MVP も獲得している。

【問題 6】　小林旭（こばやしあきら）〈1938～〉
「渡り鳥」「流れ者」シリーズで石原裕次郎につぐ人気スターに。ちなみにマイトガイとは「ダイナマイト」の「マイト」で、ダイナマイトのような豪快な男という意味。

【問題 7】　大宮敏充（おおみやとしみつ）〈1913～1976〉
すだれ髪に独特のヒゲのメイクで一世を風靡。「デン助劇場」は 1972（昭和 47）年まで続き、番組で「デン助人形」がプレゼントされていた。

【問題 8】　藤山寛美（ふじやまかんび）〈1929～1990〉
松竹新喜劇の大スター。昭和の上方喜劇を代表する役者。本名は稲垣完治。私生活では型破りな金使いの荒さでも知られた。女優の藤山直美は娘。

【問題 9】　水原弘（みずはらひろし）〈1935～1978〉
「黒い花びら」は作詞・永六輔、作曲・中村八大。「日本レコード大賞」は日本作曲家協会が歌謡界の発展のために設けたもの。

【問題 10】　北大路魯山人（きたおおじろさんじん）〈1883～1959〉
篆刻家・画家・陶芸家・書道家・漆芸家・料理家・美食家など、様々な顔を持っていた。この年の 12 月 21 日、76 歳で死去。

昭和 35 年 (1960 年)

【問題1】 **岸信介**（きしのぶすけ）〈1896 ～ 1987〉
安保反対運動で国会周辺は連日デモ隊に包囲されるという情勢がくりひろげらたが、新安保条約は衆議院の議決のみで自然成立。その後、岸内閣は総辞職した。

【問題2】 **池田勇人**（いけだはやと）〈1899 ～ 1965〉
岸内閣退陣後、総理大臣に就任、三次にわたる内閣を組織した。大蔵大臣時代の「貧乏人は麦を食え」の発言でも有名。「所得倍増計画」は高度成長に支えられて、達成された。

【問題3】 **浅沼稲次郎**（あさぬまいねじろう）〈1898 ～ 1960〉
この事件は、テレビ中継を通じ、全国に流れて社会を震撼させた。「人間機関車」「ヌマさん」の愛称で親しまれた。

【問題4】 **中山マサ**（なかやまマサ）〈1891 ～ 1976〉
第一次池田内閣の厚生大臣（当時）として入閣、母子家庭への児童扶助手当支給を実現した。衆議院議員（当選8回、自民党）。

【問題5】 **アベベ・ビキラ**〈1932 ～ 1973〉
アフリカ人初の金メダル。4年後に行われた東京オリンピックでも世界記録で優勝、オリンピックのマラソンで2連覇を達成。

【問題6】 **小野喬**（おのたかし）〈1931 ～〉
日本を代表する体操選手。1952 ～ 1964年までのヘルシンキ・メルボルン・ローマ・東京の4つのオリンピックで金メダル5、銀メダル4、銅メダル4つを獲得している。

【問題7】 **三原脩**（みはらおさむ）〈1911 ～ 1984〉
1958年のプロ野球西鉄優勝監督だったが、この年大洋ホエールズの監督に就任。みごとにシーズン優勝をはたした。

【問題8】 **北原三枝**（きたはらみえ）〈1933 ～〉
大スター同士の結婚とあって、招待客400人、取材陣120社。挙式が行われたのは東京日活国際会館。

【問題9】 **橋幸夫**（はしゆきお）〈1943 ～〉
この曲で第2回日本レコード大賞新人賞を受賞。後にデビューする舟木一夫、西郷輝彦とともに「御三家」と呼ばれ人気を集める。

【問題10】 **西田佐知子**（にしださちこ）〈1939 ～〉
作詩・水木かおる、作曲・藤原秀行。西田佐知子4枚目のシングル。夫は司会者、俳優の関口宏。

答え　昭和35年（1960年）

昭和 36 年 (1961 年)

答え 昭和36年（1961年）

【問題1】　**ユーリー・ガガーリン**〈1934～1968〉
ボストーク1号で世界初の有人宇宙飛行を成功させた。「地球は青かった」は流行語に。

【問題2】　**エドウィン・ライシャワー**〈1910～1990〉
アメリカの歴史研究者、外交官。A.K. ライシャワーの次男として東京に生まれる。ケネディ大統領の要請で駐日アメリカ大使に。1966（昭和41）年まで5年間務めた。

【問題3】　**有田八郎**（ありたはちろう）〈1884～1965〉
元外相の有田八郎が「プライバシーの権利」を侵害されたとして、三島由紀夫と版元の新潮社を告訴。このことがきっかけに私生活を守る権利の意味で「プライバシー」が流行語に。1966（昭和41）年に和解成立。

【問題4】　**本田宗一郎**（ほんだそういちろう）〈1906～1991〉
本田技研チームは125cc、250ccの両クラスで1～5位を独占した。翌年、自動車産業に参入。

【問題5】　**大鵬幸喜**（たいほうこうき）〈1940～2013〉
プロ野球では、王、長嶋が活躍する巨人、相撲界は、この年、横綱に昇進した大鵬が当時の子供たちのヒーローだった。

【問題6】　**権藤博**（ごんどうひろし）〈1938～〉
35勝は新人での最多勝日本プロ野球記録。連投を重ね、「権藤、権藤、雨、権藤」という流行語も生まれた。翌年も30勝を記録した。

【問題7】　**三船敏郎**（みふねとしろう）〈1920～1997〉
「羅生門」「七人の侍」など、黒澤映画に数多く出演。黒澤明とともに三船の名も世界に知れ渡った。日本を代表する俳優となり、「世界のミフネ」と呼ばれた。

【問題8】　**渡辺マリ**（わたなべまり）〈1942～〉
パンチの利いた独特の歌声で人気になったドドンパソング。脚をガクンと折曲げ、腰を落とす踊りが人気になった。

【問題9】　**坂本九**（さかもときゅう）〈1941～1985〉
「上を向いて歩こう」は作詞・永六輔、作曲・中村八大。坂本九と合わせ「六八九トリオ」と呼ばれた。最初は1960（昭和35）年に中村八大のリサイタルで発表された。1963（昭和38）年には「スキヤキ」のタイトルで全米で第1位を記録。昭和を代表する曲に。

【問題10】　**赤木圭一郎**（あかぎけいいちろう）〈1939～1961〉
東京の日活撮影所で、ゴーカートを運転中、鉄扉に激突し死亡。21歳の若さだった。ちなみに愛称の「トニー」の由来はハリウッドスターのトニー・カーチスに風貌が似ていたことから。

昭和37年（1962年）

【問題1】　藤原あき （ふじわらあき）〈1897～1967〉
テレビ出演で知名度が高かったこともあり、参議院議員選挙で全国区トップ当選、初の100万票突破をはたした。タレント議員第一号といわれた。

【問題2】　フィデル・カストロ 〈1926～〉
キューバ危機とは、ソ連がキューバにミサイルを配備したことにより、アメリカとソ連が直接戦争になりかねない状態になったこと。

【問題3】　堀江謙一 （ほりえけんいち）〈1938～〉
太平洋をヨット単独横断、アメリカに到着して「孤独との戦いだった」と語った。「孤独との戦い」が流行語に。

【問題4】　安部公房 （あべこうぼう）〈1924～1993〉
「砂の女」は安部公房の書き下ろし長編小説。翌年、第14回（1962年度）読売文学賞を受賞。1968（昭和43）年にはフランスで1967年度最優秀外国文学賞を受賞するなど、海外でも高い評価の作品。

【問題5】　金田正一 （かねだまさいち）〈1933～〉
アメリカ大リーグのウォルター・ジョンソンの記録を破る通算3509奪三振を達成。1969（昭和44）年には日本プロ野球史上唯一の通算400勝を達成。「カネやん」「天皇」などと呼ばれた。

【問題6】　勝新太郎 （かつしんたろう）〈1931～1997〉
この年、「座頭市シリーズ」の記念すべき第一作が放映。座頭市は勝新太郎の代表作になった。

【問題7】　植木等 （うえきひとし）〈戸籍上は1927年。実際は1926～2007〉
テレビ「おとなのマンガ」「シャボン玉ホリデー」、ヒット曲「スーダラ節」「ハイそれまでよ」、映画「ニッポン無責任時代」など60年代を中心に、クレージーキャッツのメンバーとしてお笑いのブームを作った。

【問題8】　藤田まこと （ふじたまこと）〈1933～2010〉
時代劇風コメディー番組で、商品名にかけた「俺がこんなに強いのも、あたり前田のクラッカー！」や「耳の穴から手ぇ突っ込んで奥歯ガタガタ言わしたるぞ」のギャグも流行語になった。

【問題9】　吉永小百合 （よしながさゆり）〈1945年～〉
映画「キューポラのある街」で脚光を浴びる。歌手としても橋幸夫とのデュエットで「いつでも夢を」が大ヒットし、日本レコード大賞を受賞した。日本を代表する女優のひとり。

【問題10】　村田英雄 （むらたひでお）〈1929～2002〉
作詞・西條八十、作曲・船村徹。「王将」は村田英雄最大のヒット曲。この曲で日本レコード大賞特別賞を受賞した。

答え　昭和37年（1962年）

昭和38年（1963年）

【問題1】 ジョン・F・ケネディ 〈1917～1963〉
この年、テキサス州ダラスで、空港から自動車パレードで昼食会会場に向かう途中に銃弾を受け暗殺された。第35代アメリカ大統領。

【問題2】 ワレンチナ・テレシコワ 〈1937～〉
ボストーク6号に搭乗、女性として世界初の宇宙飛行を行った。

【問題3】 キング牧師（マーティン・ルーサー・キング・ジュニア）〈1929～1968〉
アフリカ系アメリカ人公民権運動の指導者。ワシントン大行進で、人種平等と差別の終焉を呼びかけた名演説で知られる。

【問題4】 大山康晴（おおやまやすはる）〈1923～1992〉
兄弟子の「攻めの升田（幸三）」に対して「受けの大山」といわれた。タイトル獲得80回、優勝124回を記録。

【問題5】 土門拳（どもんけん）〈1909～1990〉
日本を代表する写真家。「古寺巡礼」全五集は完結までに12年をついやした。「鬼の土門」といわれるほどの鬼気迫る仕事ぶりだった。

【問題6】 市川雷蔵（8代目）（いちかわらいぞう）〈1931～1969〉
この年から始まった市川雷蔵の「眠狂四郎」シリーズ。全12作で、市川雷蔵の当たり役となった。

【問題7】 赤塚不二夫（あかつかふじお）〈1935～2008〉
「おそ松くん」は小学館漫画賞を受賞した。「シェー」はイヤミがポーズをつけていうセリフ。ダヨーンのおじさんの決まり文句「～ダヨーン」も流行った。本名、赤塚藤雄。

【問題8】 谷啓（たにけい）〈1932～2010〉
ハナ肇とクレージーキャッツのメンバー。「ガチョーン」の他にも「ビローン」「アンタ誰？」「ムヒョーッ」「谷だぁ」など数々の流行語を生み出した。

【問題9】 舟木一夫（ふなきかずお）〈1944～〉
作詞・丘灯至夫、作曲・遠藤実。デビューシングルがいきなり大ヒット曲となった。ちなみに、この曲を録音した当時、舟木一夫は現役の高校三年生だった。

【問題10】 梓みちよ（あずさみちよ）〈1943～〉
「こんにちは赤ちゃん」は作詞・永六輔、作曲・中村八大。NHKのテレビ番組「夢であいましょう」の今月の歌コーナーにて紹介され大ヒットとなり日本レコード大賞を受賞。

答え　昭和38年（1963年）

昭和39年 (1964年)

【問題1】　佐藤栄作（さとうえいさく）〈1901～1975〉
連続在任期間は歴代総理最長の7年8か月。1974（昭和49）年、非核三原則やアジアの平和への貢献で日本人初のノーベル平和賞受賞。「政界の団十郎」と呼ばれた。安保条約で近年アメリカとの裏取引が明るみに出た。

【問題2】　ジャン゠ポール・サルトル〈1905～1980〉
「いかなる人間でも生きながら神格化されるには値しない」と言って、ノーベル賞を辞退した。

【問題3】　大河内一男（おおこうちかずお）〈1905～1984〉
東京大学卒業式の告辞の報道関係者にあらかじめ用意された予定原稿で「ふとった豚になるより、やせたソクラテスになりたい」（JSミル）が引用され、夕刊紙で大きく取り上げられ話題に。しかし、式場ではテレビのライトに目がチラチラしてその箇所は読み忘れられ、誤報であった。

【問題4】　大松博文（だいまつひろぶみ）〈1921～1978〉
東京オリンピックで、全日本女子バレーボールチームを「回転レシーブ」などの戦法で金メダルに。「おれについてこい！」は同タイトルで映画化もされた。

【問題5】　円谷幸吉（つぶらやこうきち）〈1940～1968〉
ゴールまであと200mのところでイギリスのヒートリー選手に抜かれて3位だったが、東京オリンピックでは28年ぶりに陸上競技でメダル獲得。1968（昭和43）年、メキシコオリンピック目前に「幸吉は、もうすっかり疲れ切ってしまって走れません」と遺書を残して自殺した。

【問題6】　遠藤幸雄（えんどうゆきお）〈1937～2009〉
体操のエースとして、東京オリンピックでは男子個人総合、団体総合、種目別平行棒で3つの金メダル、種目別ゆかで銀メダルを獲得した。

【問題7】　三浦綾子（みうらあやこ）〈1922～1999〉
朝日新聞社の1000万円懸賞小説にきまった作品。「氷点」はキリスト教の原罪をテーマにした作品で、作者の三浦綾子は北海道旭川の主婦。テレビ番組名の「笑点」はこの書名タイトルからのゴロ合わせ。

【問題8】　石津健介（いしづけんすけ）〈1911～2005〉
「アイビー」はアメリカ東部の名門校の8つの大学の総称。石津はアメリカ東部の名門大学の学生達に広まっていたファッションを取り入れ、「アイビールック」として紹介し、1つのファッションジャンルを定着させた。

【問題9】　福田豊土（ふくだとよと）〈1934～1998〉
ライオン歯磨の「デンター」のCMに20年近くにわたり出演、全国的に知名度が上がった。

【問題10】　西郷輝彦（さいごうてるひこ）〈1947～〉
「君だけを」は作詞・水島哲、作曲・編曲・北原じゅん。橋幸夫・舟木一夫と共に「御三家」と呼ばれ、一躍スターに。

昭和と平成の変化 【たばこ】

　昭和時代、「たばこ」はどこでも吸えるのが当たり前という感じでした。電車、バス、船、飛行機、などなど。飲食店の分煙もなかったし、歩きたばこはもちろん、道端に吸い殻なんか当たり前のようにそこら中に落ちてました。

　駅のホームの柱には灰皿があって吸い殻が山盛りになっていたし、学校の先生も教壇に灰皿を置いて教室でたばこを吸いながら授業をしていたなんて話も。

　時代とともにたばこが吸えない場所のほうが多くなってきていて、喫煙者は肩身の狭い思いをしている現在では考えられないです。

　個人的なことですが、たばこといって思い出すのが俳優の露口茂さん。「太陽にほえろ！」で演じた「山さん」こと山村刑事の煙草を吸う時のしぐさや、怪しげな情報屋に会ってネタをもうときに情報と引換えに煙草の箱の後ろにお札を隠してこっそり渡すシーンがカッコ良かった。

おしまいに

　「思い出しクイズ　昭和の顔・前編」、最後まで読んで頂きまして、本当にありがとうございます。元号が平成になってはや四半世紀が過ぎました。「昭和」もずいぶん遠くなったと感じるようになり、昭和生まれの私もこうして歳を重ねるにつれ、人の名前すら思い出しづらくなってきたような気がします。自分に都合の良いことは歳を重ねてもまだまだ鮮明に覚えているのですが。

　そこで、都合の良いことも思い出しづらくなる前に、昭和時代に活躍した人物の似顔絵を描いて、いつまでも忘れないように穴埋めクイズを作ってみようと思い、このような本を企画させていただきました。

　クイズをやってみて意外と簡単だった、結構難しかったなど、いろいろな感想があると思いますが、昭和に活躍した人物について他の人と話をしたり当時を振り返ることで、懐かしい記憶、楽しかった思い出などが蘇り、脳の活性化にも役立てればと思っています。

　誤字、脱字、いまいち似てない似顔絵、などございましたら、どうかお許しください。

　引用した本や検索したインターネットのサイトなど、参考にさせていただいた出典元に厚く感謝申し上げます。一覧をまとめておきました。

　最後に、この著作を出版するに当たり、清水書院の中沖栄さん始め、編集部の皆様、ご協力いただいた多くの皆様に深謝いたします。

本間康司

著者略歴

本間康司（ほんま こうじ）

1968年生まれ、東京都出身。

著書に『長嶋語録かるた』（2001年　日本テレビ出版）、『覚えておきたい総理の顔』『覚えておきたい人と思想100人』（2012年、2014年　清水書院）などがある。

思い出しクイズ
昭和の顔 前編

2015年 9月10日 初版発行

著　者	本間 康司（ほんま こうじ）
発行者	渡部 哲治
発行所	株式会社 清水書院
	〒102-0072
	東京都千代田区飯田橋3-11-6
	電話　03-(5213)-7151
印刷所	広研印刷 株式会社
製本所	広研印刷 株式会社

定価はカバーに表示

● 落丁・乱丁本はお取り替えいたします。

本書の無断複写は著作権法上での例外を除き禁じられています。複写される場合は、そのつど事前に、（社）出版者著作権管理機構（電話 03-3513-6969、FAX03-3513-6979、e-mail: info@jcopy.or.jp）の許諾を得てください。

ISBN 978-4-389--50043-6　　　　Printed in Japan

かるたの作り方

❶ ハサミを使ってキリトリ線に沿って切り取ります。

❷ 厚紙とのりを用意してください。

❸ かるたの裏をのりで塗り、厚紙に貼付けてください。

❹ しっかりおさえ、乾くまで待ちます。

❺ 乾いたら、かるたの絵札（読み札）に合わせて切ります。

❻ 切り取ったら完成です。遊んでみて下さい。

余裕のある人はカッターを使ってやってみて下さい。

絵札 - 1

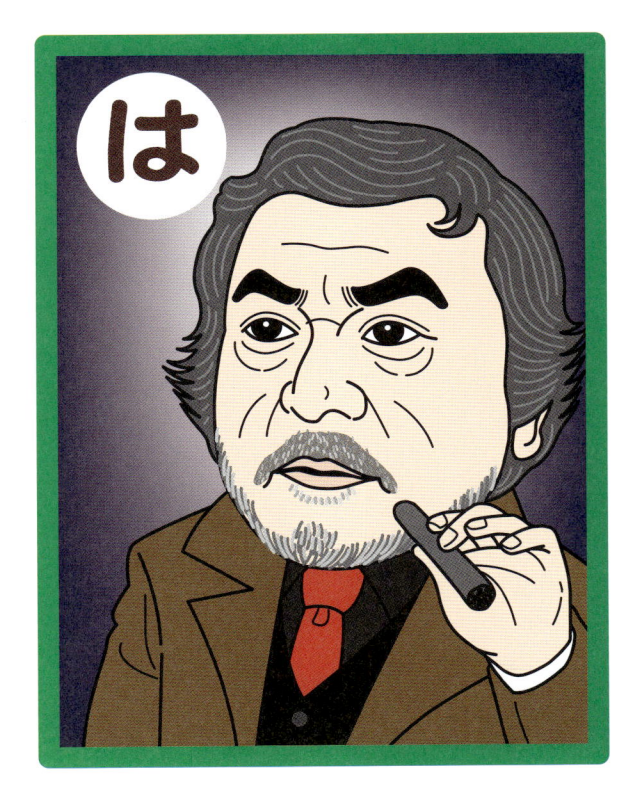

い

ろ

お客様は神様です

は

に

文字札 - 1

ろ 浪曲で鍛えた美声 三波春夫

い イカす奴 タフガイ 石原裕次郎

に 人情味あふれる名優 高倉健

は 破天荒 昭和のスター 勝新太郎

絵札 - 2

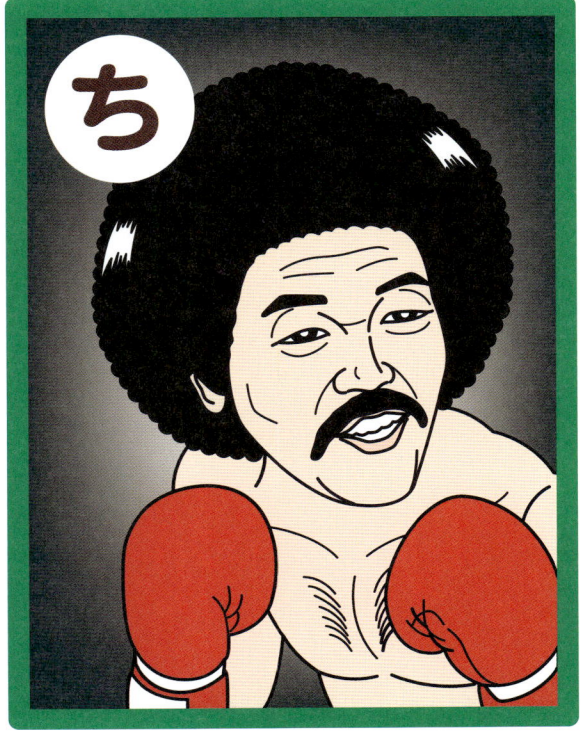

文字札 - 2

へ ベストセラー 黒柳徹子 トットちゃん

ほ 冒険家 世界の頂点 植村直己

ち チャンピオン 防衛記録 具志堅用高

と 寅さんで 国民人気 渥美清

絵札 - 3

文字札 - 3

ぬ
塗り替えた
鉄人記録
衣笠祥雄

り
リズム落語
爆笑王の
林家三平

を
お笑いの
重鎮
柳家金語楼

る
ルーキーで
本塁打王
大下弘

絵札 - 4

わ

か

よ

た

文字札 - 4

か 歌謡界 天才少女 美空ひばり

わ 若者の カリスマ詩人 寺山修司

た 大ヒット ブギの女王 笠置シヅ子

よ 横綱の 最強力士 大鵬幸喜

絵札 - 5

文字札 - 5

そ ソロバンを使った話芸
トニー谷

れ 連投の鉄腕投手
稲尾和久

ね 熱狂的人気のアイドル
ピンクレディー

つ 積み重ね長期政権
佐藤栄作

絵札 - 6

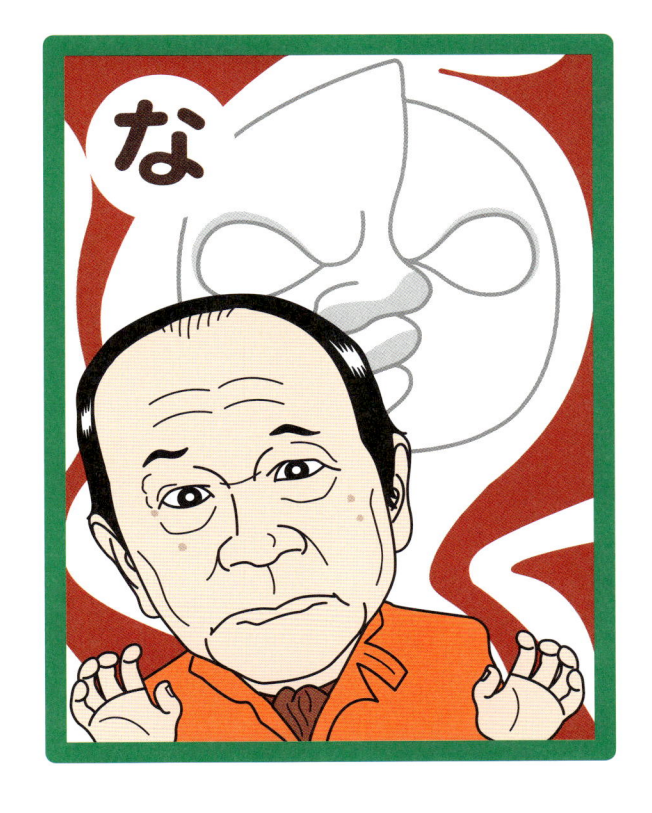

文字札 - 6

ら 落語家の名人
古今亭志ん生

な 何だこれは！太陽の塔
岡本太郎

う 海渡りスキヤキソング
坂本九

む 無責任ブームで人気
植木等